テキスト：
ビジネスコミュニケーション・スキルズ

齋藤愛子著

文眞堂

はしがき

　「ビジコミ先生」といわれて2年がたった。「ビジコミ」とは「ビジネスコミュニケーション技法」という科目名のことである。
　この小著は，主に大学低学年を対象とした同科目の講義録をベースに，学生のニーズを含め，多くの著名な先生方のご高著を参考として編んだものである。
　ここにいう学生のニーズとは，年度はじめに受講学生に課す自己ピーアールという提出物（通常はビジネス文書の形式で作成される）から導き出したものである。デジタル時代の申し子たちによる自己ピーアールはなかなかユニークであり，出身地とその名産，家族，趣味，血液型，星座，身長・体重などの項目を列挙した上で，ほとんどの学生が真摯にこれから受講しようとする科目についてのイメージを述べている。たとえば，"これって（ビジコミ）学問？"。"この科目は将来絶対役に立つと思う"。"人と話すとかは苦手だから，しっかり勉強したい"，などである。これらの意見を俯瞰するに，概ね学生達は，この科目から経営学の基礎理論と将来ビジネスマンとして活躍するのに必要な実践的知識の双方を吸収しようとしていることが明らかである。
　したがって，本書はこうした学生の理論志向と実践志向の双方を満足し得るよう，第Ⅰ部を基礎編，第Ⅱ部を実務編として1冊に集約するという構成をとっている。当初は斬新な構成と信じ，勢いこんで書き始めたものの，ある意味では異質ともいえる2つの領域を1つの書物の中に結合させることは，想像以上に困難な作業であった。
　これまでの授業では，理論的テキストと実践的テキストの2冊を併用

し，さらに理解を深めるためにビデオ教材や補足資料のコピーなども毎回用意し，授業に臨んでいた。時間の節約と経済性を考慮しての2領域の結合であったが，どうにか学生のニーズに応えられる形になったのではないかと思っている。

第Ⅰ部の基礎編では，第1章「経営学の誕生とビジネス」にもあるように，現在の経営学を正しく理解するための最初のステップとして，アメリカ，ドイツ，日本における経営学の歴史の概説を試みている。また，第1章では，付記として，これら3国を代表する自動車メーカーの第1号車のレプリカ写真を紹介しているのは，経営学の発展と自動車工業の発達史に相通じる点が多くあると考えたからである。さらに経営学が学際的科学であることを考慮し，隣接科学や関連科学についても紹介を試みている。

第2章「経営・組織とビジネス」，第3章「産業・職業とビジネス」，第4章「職場生活とビジネス」では，組織，それも社会人の多くが関連を持つであろう企業組織とそこに働くビジネスマンの関係に焦点を当てている。これらの各章においては，多くの人びとの人生をも左右するといっても過言ではない企業組織のあり方を正しく認識するとともに，産業や職業の分類から，実際に企業組織を運営するに当たって必要となる規則や職務など，いわゆる経営学の基礎的知識をその内容とするよう努めた。

また，第5章「コミュニケーションとビジネス」では，企業組織内の個人と個人の間のみならず，ビジネス社会における企業組織と企業組織間，さらには，文化や風土を異にする国際間でのコミュニケーションの経営における重要性を概説しており，これは本書の後半にあたる第Ⅱ部「実務編」とリンクするイントロダクション的性格を有するものである。

そして，第Ⅱ部では，ビジネスマンとして実務を遂行する上で有効と考えられ，学生諸君にも身につけてもらいたいと考えるプレゼンテーション，ネゴシエーション，ビジネス・マナー，ビジネス文書などのそれぞれ

のスキルを列挙し，解説を試みている。

　このように基礎的理論と実践論を併用して学ぶ傾向は，今日，徐々に各大学においてもみられるところであるが，このことは，近年の経営学研究における潮流のあらわれと考えられる。

　最近わが国で開催された日米の専門家による工学系のシンポジウムでは，「情報革命の次に来るものは何か」というテーマに対して，「ラーニング革命」という答が，大半の参加者の合意を得たと伝聞する。これは，これからの社会では，政府においても，企業や家庭においても，「学びの世界」がもっとも重要視されるようになるであろうという指摘であって，こうした"学びの世界"の底流には，当然のことながら，コンピュータを核とする情報通信手段の高度化があるとされている。本書を手がかりとして，経営学の基礎的知識とそれを実際の組織運営に生かすための具体的な手法とを得ようとする人びとは，常に，本書の各所に披瀝された知識と，これら情報通信技術との関連性を念頭においておかなければならないであろう。

　本書草稿の執筆は，4ヶ月にわたるハードな作業ではあったが，当初，担当科目の履修学生やその他の若い人びとへの活用を念頭においていたものが，結局は著者自身のために大変に得るところ大であることに気づいた。本書の完成にあたり，執筆のチャンスを与えてくださった立正大学と経営学部の諸先生方，取材や資料提供に惜しみないご協力を頂いた企業家諸氏にこの場を借りて，改めて感謝の意を表する次第である。また，途中，腸炎で緊急入院したにもかかわらず入院先のベッドで最後までワープロ入力をしてくれた立正大学経営学部2年生長谷川明香さん，悪筆ゆえの原稿補足などで幾度となく足を運んでくださった株式会社文眞堂取締役企画部長　前野　隆氏など，多くの方々のお蔭で本書を完成できたことに，このうえない喜びを感じるとともに，心から御礼を申し上げたい。

最後に本書を，著者の青山学院大学大学院時代の指導教授であった恩師，青山学院大学名誉教授故坂井正廣先生に捧げます。

　2001 年 12 月

齋藤　愛子

目　　次

はしがき

第Ⅰ部　基礎編 ………………………………………………………………… 1

第1章　経営学の誕生とビジネス ………………………………………… 2

Ⅰ．ビジネスとは ………………………………………………………………… 2

Ⅱ．経営学の歴史 ………………………………………………………………… 3

　1．アメリカの経営学──英語圏を中心とした管理学── ……………… 4

　　(1)　テイラーの「科学的管理論」 ………………………………………… 5

　　(2)　メイヨーの「人間関係論」 …………………………………………… 6

　　(3)　レスリスバーガーの「人間関係論」 ………………………………… 7

　　(4)　バーナードの「組織論的管理論」 …………………………………… 9

　　(5)　サイモンの「意思決定論」 ………………………………………… 12

　　(6)　チャンドラーの「経営戦略と組織」 ……………………………… 14

　　(7)　ファヨールの「管理概念」 ………………………………………… 14

　　(8)　ドラッカーの「経営哲学」 ………………………………………… 18

　　(9)　その他の学説 ………………………………………………………… 21

　2．ドイツの経営学──ドイツ語圏を中心にした経営経済学── …… 23

　　(1)　ニックリッシュの「経済的経営学」 ……………………………… 23

　　(2)　シュマーレンバッハの「技術論としての私経済学」 …………… 24

　　(3)　グーテンベルクの「経験・実存的理論」 ………………………… 25

　3．日本の経営学──その時代背景と著書を中心に── ………………… 26

(1) 経営学成立前史 …………………………………………… 27
　　　(2) 第二次世界大戦前 ………………………………………… 28
　　　(3) 第二次世界大戦以後 ……………………………………… 29
　Ⅲ. 経営学と隣接科学 …………………………………………………… 32
　Ⅳ. 経営学と関連科学 …………………………………………………… 35

第2章　経営・組織とビジネス …………………………………………… 40

　Ⅰ. 経営の本質 …………………………………………………………… 40
　Ⅱ. 経営組織の編成要件 ………………………………………………… 40
　Ⅲ. 経営組織の基本構造 ………………………………………………… 42
　　　(1) ライン組織 ………………………………………………… 42
　　　(2) ファンクショナル組織 …………………………………… 44
　　　(3) ライン・アンド・スタッフ組織 ………………………… 44
　　　(4) 職能別組織 ………………………………………………… 44
　　　(5) 事業部制組織 ……………………………………………… 46
　　　(6) マトリックス組織 ………………………………………… 48
　　　(7) 戦略事業単位 ……………………………………………… 50
　　　(8) 組織構造に関する現代的課題―環境の変化への対応 ………… 50

第3章　産業・職業とビジネス …………………………………………… 55

　Ⅰ. 産業（Industry）の定義と分類 ……………………………………… 55
　　　(1) 産業の分類 ………………………………………………… 55
　　　(2) 今後の産業構造の変化 …………………………………… 56
　Ⅱ. 企業形態 ……………………………………………………………… 57
　　　(1) 企業形態の種類 …………………………………………… 57
　　　(2) 会社の種類 ………………………………………………… 60
　Ⅲ. 職業の意味とその分類 ……………………………………………… 60

(1)　職業の持つ意味 ··· 61
　　　(2)　職業の分類 ··· 61
　　　(3)　職業選択と人間観モデル ·································· 68

第4章　職場生活とビジネス ······································· 74

　Ⅰ．企業組織と各種規程 ··· 74
　　　(1)　職業選択の理由 ··· 74
　　　(2)　組織図および業務分掌規程 ································ 75
　　　(3)　企業が求める人材像 ·· 79
　　　(4)　求められる自立した「個」の意識 ····················· 81
　　　(5)　現代のビジネス社会で成功する法 ····················· 82

第5章　コミュニケーションとビジネス ···················· 87

　Ⅰ．ビジネスコミュニケーション ··································· 87
　　　1．コミュニケーションとは何か ····························· 87
　　　2．非言語コミュニケーション ································ 88
　　　(1)　顔の表情・観相学・ジェスチャー ····················· 88
　　　(2)　サブリック記号 ··· 89
　　　(3)　コミュニケーションズ ······································ 90
　　　(4)　ホット・メディアとクール・メディア ··············· 91
　　　(5)　日本の企業風土とインフォーマルコミュニケーション ········ 91
　Ⅱ．異文化コミュニケーション ······································· 93
　　　1．異文化理解とコミュニケーション ····················· 94
　　　2．急務な日本における異文化研究 ························· 95
　　　3．ソフトコミュニケーション・スタイル ··············· 96
　　　4．日本型対人コミュニケーション ························· 99
　　　5．異文化における慣習・マナー ··························· 100

6．ハイコンテクスト社会とローコンテクスト社会 ………………… 101
7．コンフリクト・マネジメント ………………………………………… 103
8．対立の機能と効用 ……………………………………………………… 104

第II部　実務編 ……………………………………………………………… 107

第6章　プレゼンテーションのためのスキル ………………………… 108

1．プレゼンテーションの定義 …………………………………………… 109
2．プレゼンテーションの能力 …………………………………………… 109
3．プレゼンテーションの準備 …………………………………………… 109
4．プレゼンテーションの基本的要素 …………………………………… 110
5．プレゼンテーションのデザイン ……………………………………… 110
　⑴　情報収集量と視覚 ………………………………………………… 111
　⑵　プレゼンテーションのビジュアル化 …………………………… 112
　⑶　プレゼンテーション情報のデジタル化の効用 ………………… 113
　⑷　プレゼンテーション情報のグラフ化の効用 …………………… 113
6．プレゼンテーションとディベート …………………………………… 115

第7章　ネゴシエーションのためのスキル …………………………… 120

1．交渉とビジネス ………………………………………………………… 120
2．日常的な交渉例 ………………………………………………………… 122
3．交渉が行われる状況の分析 …………………………………………… 125
4．交渉の種類 ……………………………………………………………… 127
　⑴　分配型交渉 ………………………………………………………… 127
　⑵　統合型交渉 ………………………………………………………… 129
5．効果的な情報交換 ……………………………………………………… 129
　⑴　図書館のケース …………………………………………………… 130

(2)　就職希望者と採用者のケース ………………………………… 130
　(3)　3 人の友達のケース ……………………………………………… 132
6．代替案の議論を成功させる法 ………………………………………… 133
7．再交渉のための対応策 ………………………………………………… 135
　(1)　ガス抜き理論 ……………………………………………………… 135
　(2)　デシジョン・ツリー理論 ………………………………………… 135
8．交渉相手の分析 ………………………………………………………… 136

第8章　ビジネスマナーのためのスキル ……………………………… 139

1．マナー教育と環境教育 ………………………………………………… 139
2．教養とマナー …………………………………………………………… 139
3．常識的なマナーとビジネスマナー …………………………………… 140
　(1)　社外でのマナー …………………………………………………… 140
　(2)　タイム・イズ・マネー …………………………………………… 141
　(3)　出社から退社までのマナー ……………………………………… 141
　　　①服装と身だしなみ ………………………………………………… 141
　　　②あいさつのマナー ………………………………………………… 143
　(4)　ビジネス用語の基本的マナー …………………………………… 143
　　　①敬語の使い方 ……………………………………………………… 143
　　　②ビジネス敬語のT・P・O ……………………………………… 144
　(5)　その他のマナー …………………………………………………… 146
　　　①名刺交換のマナー ………………………………………………… 146
　　　②おじぎのマナーとT・P・O …………………………………… 147
　　　③会議でのマナー …………………………………………………… 147
　　　④訪問のマナー ……………………………………………………… 148
　(6)　プロトコール（国際儀礼）……………………………………… 149
　　　①基本的精神と最小限のルール …………………………………… 149

②会食・パーティーの席順 ……………………………… 150
　③国旗掲揚の原則 ………………………………………… 155
　④行事別の服装のマナー ………………………………… 158
(7) 日本古来の伝統的礼法 …………………………………… 160
　①小笠原流 ………………………………………………… 160
　②小堀遠州流 ……………………………………………… 160

第9章　ビジネス文書のためのスキル …………………… 163

1．ビジネス文書の重要性 ……………………………………… 163
2．ビジネス文書の種類 ………………………………………… 164
　(1) 社内文書 …………………………………………………… 165
　(2) 社外文書 …………………………………………………… 172
3．ビジネス文書の常識 ………………………………………… 176
　(1) ビジネス文書の7原則 …………………………………… 176
　(2) 5W2H法 ………………………………………………… 177
　(3) 尊敬語・謙譲語の常識 …………………………………… 178
　(4) 頭語・結語の組み合わせ ………………………………… 178
　(5) 時候の挨拶の決まり ……………………………………… 179
　(6) 慶賀の挨拶と業務上の挨拶 ……………………………… 180
　　◎頭語と前文の組み合わせ例 ……………………………… 180
　　◎主文と用件の再確認文の例 ……………………………… 181
　　◎末文の別記・追伸の例 …………………………………… 181
　(7) 封筒・はがきの書き方 …………………………………… 182
4．ビジネス文書の基本フォーマット ………………………… 185
5．電子メールのマナー ………………………………………… 186

参考文献 …………………………………………………………… 190
索引 ………………………………………………………………… 192

第 I 部

基 礎 編

第1章

経営学の誕生とビジネス

I. ビジネスとは

　人間の仕事の動機づけ研究から「衛生理論」を導き出したハーズバーグ（F. Herzberg, 1923 ～ ）は，その主著のひとつである『仕事と人間性』(*Work and The Nature of Man*,1966) の中で，「…生活のあらゆる側面にビジネス企業の絶大な影響が及んでいる…」と述べているが，彼の言葉を借りるまでもなく，ビジネス (business) とは私たちの日常生活のあらゆる分野に深く浸透している活動のひとつであるということができる。すなわちビジネスは，私たちが生活の糧を得るためにまず最初に依存しようとする行為である。同時にビジネスは人間が行う経済活動の中でも最も頻繁になされているものといえる。[1]

　このように人間が行う経済的活動であるという意味において，ビジネスはそれによって何らかの利益や効用，もしくは欲求充足による満足を得るための活動ということになる。したがって，その活動の主体は，概ね，利潤の追求を目的とする営利組織である場合が圧倒的であった。

　しかしながら，近年，産業社会のグローバル化，ネットワーク化の傾向が顕著になるにつれ，地球規模での環境の保全や回復，生産や消費にともなう持続可能性の追求など，新たな目標がビジネス活動のなかにも求められてきている。これらの新たな目標を掲げる新しいタイプのビジネス活

動の主体としては，たとえば地球環境の保全という共通の目標達成に向けて，従来，非営利組織が中心的役割を果たしてきたが，最近では営利組織の中にも，収益の確保に加えて高次元の組織目標として環境保全を組み入れるものが増えてきている。

以上のことから，ビジネスとは，複雑化，多様化する産業社会の中にあって，営利組織あるいは非営利組織というような活動主体の枠組みにとらわれることなく展開される，人間行動の状況，場，機会の総称といえる。

II. 経営学の歴史

上述のように，ビジネスチャンスはいたるところに存在すると同時に，ビジネス活動の主体の多くは企業組織である。

一般に企業組織はいかなる環境の変化にも対応するだけの体力を持たなければならない。この点について，法政大学経営学部の遠田雄志教授は，著書『グッバイ！ミスターマネジメント－ゴミ箱理論・ワイク理論のすすめ』(文眞堂，1998年)のなかで，組織の営みには状況を知り(認識)，決定し(意思決定)，それを実行に移す(行為)という3つの側面があり，これらはいずれも組織経営にとって不可欠なものではあるが時代によってウェートが変化するから，経営学もそれに応じて変化するとして，各時代ごとにこれら3つの側面のどの部分が重要視されてきたかを振り返ることによって経営学の流れを捉えることの重要性を説いている。

経営学に限らず，あらゆる学問分野の現状と未来を考察する場合，まずその原点である過去の軌跡を遡る事からはじめなければならない。特に経営学は20世紀に最高に発展した比較的新しい学問体系であるから，この意味においても，以下に示すように経営学諸派が生成したそれぞれの時代的背景を的確に把握し，研究することは，経営学の正確な理解のために不

可欠である。

1．アメリカの経営学——英語圏を中心にした管理学——

　アメリカの経営学は，マネジメントの学問である。そもそも経営学は実践学といわれるように，アメリカの経営学は現場において実際に，技術者や経営者の経験から出発したもので，現場におけるケーススタディ的発展過程をたどってきた。マネジメントの意味も「企業を経営する」[2]という機能的な概念として使われている。

　アメリカは，19世紀後半から20世紀初頭にかけて急速に工業化が進み，さらに鉄道網の開発・拡大にともない市場も急速に拡大していった。

　このように市場の発展は，当然，大量生産工場も次つぎに出現，そのため，多くの工場労働者を必要とするに至った。そして集めた労働者のなかには，数多くのヨーロッパからの移民が含まれていた。

　このヨーロッパからの移民労働者の大半は未熟練労働者であった。さらにこの頃の雇用主・工場長・職長などの管理者のなかにも，その作業の未熟練者が多く存在したことから，工場管理も自分の経験や勘にたよる「成り行き管理」（**Drifting Management**）がなされていた。賃金の支払制度についても労使のだましあいの様相を呈していた。さらに，労働者の意識的かつ集団的サボタージュ「組織的怠業」が横行するという状況でもあった。[3]

　その当時アメリカでは能率増進運動がおこっていた。そしてこの運動を背景に古い工場管理体制や組織的怠業といったマネジメントの問題を解決すべき画期的管理の方法を発表し注目を浴びたのが有名なテイラーであり，科学的管理法の出現となったのである。

(1) テイラーの「科学的管理論」

テイラー（F.W.Taylor, 1856〜1915）の科学的管理の基本的な考え方は，管理の中心を課業管理（Task Management）に置いたことである。

課業（Task）とは，1日に達成すべき公平な仕事量のことで，この「課業」を合理的，科学的に決定し，賃金制度の基礎である賃率を決定するという，つまり「差別出来高給制」（Differential Piece = Rate System）のことである。

賃金に関しては，労働者は少しでも高賃金を要求，雇用者は少しでも低い労務費の要求という労使の対立的要求は世の常とするものであるが，テイラーの提唱する管理法は，組織的怠業を克服し，労使共に満足する「科学的」マネジメントの方策として主張されたものである。

テイラーは，労使の二律背反的な要求の解決の原理として，「課業管理の4原則」を打ち出した。この①，②は「標準化の原理」であり，③，④は「差別出来高給制の原理」である。

①大なる一日の課業（a large daily task）
②標準的諸条件（standard conditions）
③成功に対する多額の報酬（high pay for success）
④失敗に対する損失（loss in case of failure）

この上記の①，②の原則は「時間研究」を基礎として課業を設定するもので，労働者の作業をおこなう時の動作をいくつかに分解し（動作研究 Motion Study），その動作を行うごとにストップ・ウオッチを用いて時間測定（時間研究 Time Study）し，仕上げに要した時間を科学的に詳細に分析・研究を行い，標準作業量を確定し，それにもとづいて賃率の算定を行うとしたものである。さらに課業管理の原則は，この賃率算定に至る作業などを効率化するために「計画部」（planning Department）や「職能別職長制」（Functional Foremanship）の導入を行いシステム化をはかったのである。

このようなテイラーシステムに対しては、社会の様々な立場にある人々から批判が寄せられた。たとえば労働組合からは、作業の時間測定の対象になったのは一流の労働者（First = Rata Man）であって、テイラーの主張するところの課業はこれらごくひと握りの特別な労働者でなければなしえないむずかしいものであるから、テイラーシステムは結果として労働強化につながるとの批判を受けた。また人間関係論からは、実際の作業現場の労働者は、計画部の指示（指図書）にしたがって、自らの意思ではなく、命令を受けて作業するだけの機械やシステムの一部のような存在として扱われているから、テイラーシステムは課業の設定からくる極端な分業化の進行の結果として、単純・反復作業による単調感や組織への帰属意識の低下による労働に疎外感を助長するという批判をうけるようになっていた。[4]

しかし、テイラーの科学的管理は、批判を受けながらも標準化や組織化は当時の工場管理のすぐれた手法として浸透していったのである。この発展に貢献したのは、工程管理のための図表「ガント・チャート」（Gantt Chart）を開発したガント（H.L.Gantt）、工場レイアウトおよび工程の合理化のための時間・動作研究を打ち出したギルブレス（F.B.Gilbreth）と、科学的管理に心理学を導入しようとした妻（L.L.Gilbreth）らの弟子たちであった。[5]

(2) メイヨーの「人間関係論」

テイラーがアメリカ経営学発展の歴史のなかで画期的理論の創始者として、その原点と捉えられているのと同様に、メイヨー（G.E.Mayo, 1880～1949）もまた、科学的管理の欠落した部分の反省という立場から出発して今日の人間関係論の基礎を築いた創始者とされており、「科学的管理法の父」テイラーに対して「人間関係論の父」として並び称される存在である。この意味においてメイヨーが確立した理論は、テイラーのそれと同様

にアメリカ経営学の原点として，また現代経営学の原点として広く認知されている。

心理学者メイヨーが参加したウェスタン・エレクトリック社のホーソン実験（Hawthorne Experiments）は，生産性に影響を与えている要因究明のために5年間にわたり行われた実験であった。当初は照明実験，次に継電器組立作業実験室，面接計画，バンク巻線作業観察室などとさまざまな方法で実験を行った。その結果，実験者たちは，次のような結論に達した。

①人間の行動は，感情（sentiments）ぬきでは考えられない。
②そしてその感情はいろいろな形によって表現される。
③感情はその人間の歴史（Personal History）と職場の相互作用的社会状況（Social Situation at Work）などから判断すべきである。[6]

以上のようなことから，メイヨーは人間行動を

①人間は孤立した個人ではなく，相互作用をもつ，社会的人間であり，
②さらに自分の所属する集団の規範に即して行動し，
③極めて非論理的側面をもっており，社会はこのような人間による協働システムである。

と結論づけたのである。[7]

(3) **レスリスバーガーの「人間関係論」**

レスリスバーガー（F.S.Roethlisberger, 1898 ～ 1974）は，メイヨーと共にホーソン・リサーチの最初に行われた照明実験が失敗に終わったことから，次の継電器組立作業実験室での実験から参加した。そして，ホーソン・リサーチ唯一の体系的報告書『経営と労働者』（*Management and The Worker*, 1939, W.J.Dickson との共著）をまとめ，人間関係論的組織論を発表した。その内容は，ホーソン・リサーチの結果を踏まえつつ，人間は

単に経済的欲求をもつものではなく，友情や安定感，集団への帰属欲求を持っているという社会人（Social Man）モデルの提唱であった。[8]

またレスリスバーガーは，組織構成員としての個人は，公式的関係ばかりでなく，上司・部下・同僚との間に非公式な相互作用関係ができているとして，経営組織が公式組織と非公式組織からなる事を示した。すなわち経営組織は，材料・機械・道具からなる技術的組織と，共通の目的に向かって協働している人間組織からなり，前者は，費用の論理（Logic of Cost）の問題，後者を感情の論理（Logic of Sentiments）によって支配され，人間は，組織の集団規範に左右され，非論理的行動をとるものとした。[9]

さらにレスリスバーガーは，管理者の役割あるいは経営（マネジメント）の基本的機能を考察するにあたり，企業組織の本質的機能として「経済的機能」と「社会的機能」の2つをあげているが，主としてその考察の対象となっていたのは，組織の共通目的達成に向けて個人と個人の関係によって構成される集団を効果的に協力させるにはどうしたらよいかという「社会的機能」に関わる問題であった。そして，こうした経営者の役割に関連した企業組織における人間問題を大きく3つに分けている。すなわち，

①組織内部のコミュニケーション問題
②組織における社会的バランスの問題
③個々人の集団への適応の問題

の以上3点である。[10]

レスリスバーガーはこれらの問題を解決するために管理者が備えていなければならない技能として，作業レベルで実際に起こっている問題を処理する技能，もしくは具体的状況を正しく理解する診断技能などを，いわゆる管理者のマネジメント技能として提示したが，このような技能は一般に「社会的技能」といわれるものである。[11]

以上のようにホーソン・リサーチを背景として人間関係論が成立したが，この人間関係論は，非公式組織レベルを中心としたものであった。これに対して公式組織の動態的側面を考慮した管理者の役割を考えたのが，バーナードである。

(4) バーナードの「**組織論的管理論**」

　バーナード (**C.I.Barnard**, 1886 ～ 1961) は，メイヨーやレスリスバーガーが組織のなかの非公式組織に管理の中心をおいたのに対し，管理の場となる公式組織を中心にした。そして組織に参加する個人の活動を抽出し，個人主義と集合主義の対立と統合の問題を，人々の協働における人間行動，組織の社会的規範，そして管理者の役割などと，それぞれのなかから発見し，それらを解決しようとしたのである。つまり，協働や組織は，対立する諸事実の集合体であり，人間の対立する思考や感情の具体的集合体である。このような捉えかたから，バーナードは，管理の本質を個人と組織の統合にあるとした。[12]

　バーナードの人間観は，人間は，動機に加えて，限られた範囲内ではあるがつねに選択力を持つと同時に，決定力，自由意志をも併せ持っており，さらに目的を設定したならば，その目的を達成するために活動するというものである。このように，人間を自由意志をもった主体的な存在であるとバーナードは捉えていたのである。そして，人間はひとりでは目的が達成できないと思われる場合に，「協働」という形の組織を選ぶものであるという考え方に基づいて，バーナードは「協働」する組織のなかにおける個人の行動に焦点をあてつつ考察を進めるに至った。

　つまり，組織に参加する個人は，個人としては自由であっても，組織に制約されることから非人格的，社会化の側面である組織人格と個人化の側面である個人人格をもつという二面性をもつことになる。組織人格は組織目的を達成するために求められる側面であり，個人人格は個人の動機を満

足させる行動側面である。[13] バーナードにあって究極的な課題となったのが、この二面性の問題、換言すれば個人の利益を考える立場と全体の利益を考える立場の対立と統合という問題にあったということができる。

このような考え方から、バーナードは組織の定義を「2人以上の人々の意識的に調整された活動や諸力のシステム」とした上で、組織の成立条件として、

①貢献意欲（Willingness to Contribution）
②コミュニケーション（Communication）
③共通目的（Common Purpose）

の3点をあげている。[14]

つまり、組織メンバー一人ひとりが共通の目的をもち、ヤル気を出して積極的に組織に貢献しようという貢献意欲を持ち、さらに他のメンバーも良好なコミュニケーションによって自分と同様の貢献意欲を持っていることの確認が得られたとき、より大きな動機づけとなり、はじめて個人の活動は組織目的達成のために協働化されるというわけである。

このようにして成立したのが公式組織（Formal Organization）の考え方であるが、バーナードはこうした組織の存続の条件として、組織の有効性（Effectiveness）と、組織の能率（Efficiency）という2点をあげている。[15]

組織の有効性とは、外部の環境条件に適応し組織の共通目的を達成することができるかどうかという外的な問題として、また、組織の能率とは、その組織に組織メンバーが共通の目的を達成するために努力する、動機づけになるような誘因があるかどうかという内的な問題として説明することが可能である。バーナードはこの有効性と能率を達成することこそが経営者の役割であることを主張したのである。

第1章　経営学の誕生とビジネス　11

図表1-1　バーナードによる組織理論の体系

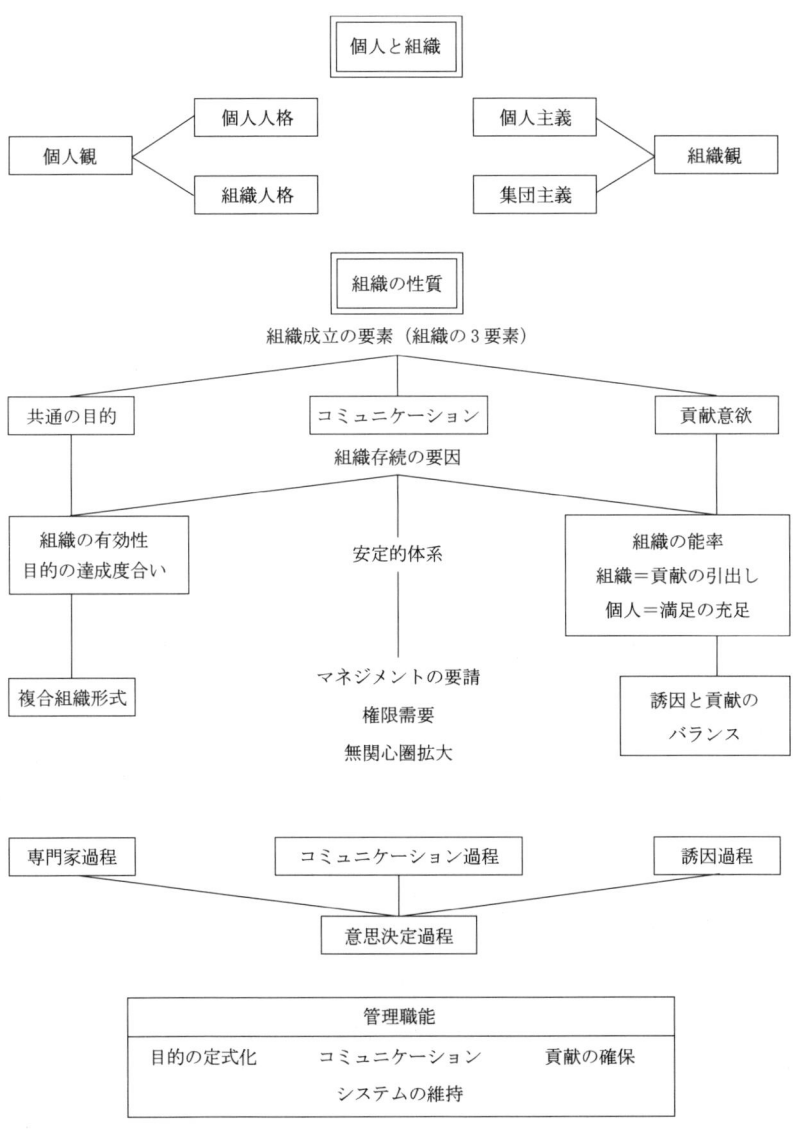

出所：藤芳誠一監修『新経営基本管理』泉文堂，2000年，205頁に著者加筆。

(5) **サイモンの「意思決定論」**

サイモン (H.A.Simon, 1916～1985) は，バーナードの組織論を直接受け継ぎ，行動科学的なアプローチを取りながら，人間の意思決定プロセスの分析を加えて，それらを経営管理の核として体系的な理論の構築を行った研究者であり，伝統的管理論には経験的検証が欠落しているという事実を指摘した上で，バーナード理論を実証主義の立場から理論展開し，『経営行動』(*Administrative Decision*) などの業績を著した。[16]

サイモンは管理とは意思決定であるとの認識のもとに，組織を単に人間の集まりとしてみるのではなく，組織メンバーの意思決定の場として考えた。[17]

サイモンによれば，人間の意思決定行動とは，行為そのものとしてではなく，その行為に先だってなされるもの，つまり，行動を起こす前の意思決定があって行動を起すものとして考えられている。したがって組織メンバーそれぞれの意思決定をコントロールすることによって，組織全体の合理的な行動が取れるのではないかとした。[18]

さらにサイモンは，組織の目的と自分自身の個人的目的が一致したとき，組織忠誠心と一体化 (Organizational Loyalty and Identification) し，組織が提供する「誘因」(Inducement) に対して，組織に「貢献」(Contribution) することになって，結果として組織の活動に参加することになるという考えを示した。つまり，「誘因と貢献のバランス」が保たれていること，あるいは組織と個人の一体化は，組織の存続を約束する重要な要素となりうると説いている。[19]

サイモンのいう意思決定 (Decision Making) とは，目的を達成するための手段をいくつかの選択肢の中から選択する合理的な行動を意味する。[20] 換言すれば，選択肢となるいくつかの代替案からひとつの代替案を選択するのが意思決定である。

また意思決定には，行動を起こす前に代替案の選択などのように「決

定の前提」と「決定」という2つのプロセスがある。決定の前提とは，意思決定を行うための材料となる情報であり，行動目的のための価値前提 (Value Premises) とその目的達成のための手段として事実前提 (Factual Premises) に分類し得る。そして価値前提とは，組織目的，能率の基準，公正の基準，個人的価値判断（社風や組織文化など）など論理的かつ検証不可能なものを，事実前提とは，経験的，科学的なデータなど事実情報など，価値前提と異なり検証可能なものをそれぞれ意味している。上述のように，組織と管理のあり方について意思決定を核に分析するというアプローチは，サイモンによる意思決定論の大きな特徴のひとつである。[21]

　サイモンは，組織が個人の意思決定に影響を与える要因を組織影響力 (Organizational Influence) と呼び，それには外的側面と内的側面という2つの側面があるとしている。このうち外的側面とは，権威 (Authority)，すなわち，組織外で行われている意思決定を組織メンバーに課すための権力，および意思決定に必要な情報の流れをよくするための公式・非公式のコミュニケーション・システムとしての伝達 (Communication) を構築することの2点からなる。また内的側面とは，合理性の基本原理にもとづいて，限られた資源で最大の効果を生む代替的選択肢の選択を実施するための能率の基準 (Criterion of Efficiency) のことをいう。この能率の基準を各組織メンバーに教育し訓練することにより，それが個人の事実前提に作用し，能率志向の意思決定がなされるようになるというのがサイモンの考え方である。[22]

　このように外的側面，内的側面によって組織メンバー個々人が組織目的を理解し，組織目的達成への参加の意思決定を行うのであると説明している。そして先に述べたところの組織の活動が直接あるいは間接的に自分自身の個人的目的に貢献するとき，個人は組織が提供する「誘因」に対して組織への「貢献」をすることになるのである。つまり組織への一体化あるいは忠誠心は個人の価値前提がおおいに関係してくる。このように考える

と，組織の存続と発展にはこの誘因と貢献のバランスが重要であり，このための意思決定はさらに重要度の高いものとなる。

(6) チャンドラーの「経営戦略と組織」

チャンドラー (A.D.Chandler, 1918～) は，企業が経営政策の決定をする場合にとるべき戦略的意思決定と戦術的意思決定という2つの意思決定のうち，戦略的意思決定の組織に及ぼす重要性を指摘した。これは，戦術的意思決定が，それぞれの環境条件によってその企業の諸活動が行われるために研究対象になりにくいこと，企業活動は，戦略的意思決定のあと戦術的意思決定が行われ実際の活動に入るのが一般的であることによる。

戦略的意思決定とは，企業が長期計画を立てる場合，まず基本目的の決定をし，その目的達成のための行動指針を策定し，効率的な活動に向けて諸資源の配分をすることである。また，市場環境の変化に対応するために，事業活動の質的変化や生産量の拡大，多角化への切り替えなどを行う場合，まず新しい基本目的の決定からしなくてはならない。この新しい戦略は，経営者のその企業に対するビジョンの変革はもとより，人的・物的資源の増減と，当然のことながら組織構造にも変革をもたらすことになるというのがチャンドラーの考えである。

以上ような論理の展開を経て，組織構造は経営戦略にしたがうというチャンドラーの命題が導き出された。たとえば，企業が多角化戦略をとった場合，複数の事業を行うことになるため，その組織構造は職能制から事業部制へと変化するなどという事例は，この命題に当てはめて説明することが出来るのである。[23]

(7) ファヨールの「管理概念」

ファヨール (H.Fayol, 1841～1925) は，テイラーが生産現場の作業を合理的かつ科学的に標準化しようとしたのに対し，ファヨールは，組織の

業務全体の管理手法を考えると同時に，経営管理の概念をはじめて明確にし，管理教育の必要性と重要性を主張した。このためにファヨールは「経営管理論の真の父」と称され，今日に至るまで経営学の先駆者の1人に数えられている。[24]

ファヨールは，フランスの鋼山会社の技師，後年にはその最高経営者となり30年間の長きにわたり企業の経営に参加した。[25] この長年の経験から，ファヨールは企業経営における管理活動を体系的に分析し，「管理原則」ならびに「目的的職能と管理的職能」をまとめた。[26]

その最初の試みとしてファヨールが行ったのが，以下に示すような企業が営む本質的機能としての経営活動を6つの職能別に分類することであった。

①技術活動（生産・製造・加工）
②商業活動（購買・販売・交換）
③財務活動（資本の調達と運用）
④保全活動（財産と従業員の保護）
⑤会計活動（財務諸表などの作成，計算・統計）
⑥管理活動（計画・組織化・命令・調整・統制）

ファヨールは，企業の経営をするということは企業目的達成のために現時点での経営資源を最大限に活用して，利益をあげるべく努力をしながら事業を営むことであると考えていた。したがって上記にあげた6つの職能が十分に力を発揮して活動ができるようにしなければならない。このそれぞれの活動のうち①から⑤の活動は材料とか機械など"モノ"を対象とした目的的職能の活動であるが，この本質的な職能は，企業規模の大小にかかわらず企業において必ず遂行しなければならないものである。⑥の管理職能の活動は対象が"ヒト"であるが，①から⑤までの活動を左右する重要な職能活動である。自らの経験から導き出されたファヨールの法則による

と，従業員に必要な能力のうち管理的能力は5%，専門的能力（技術的能力）が95%となっており，社長に必要な能力は管理的能力が50%，専門的能力が50%となっており，地位が上がれば上がる程，管理的能力の比重が大きくなるとしている。

そして管理的職能をつぎの5つの要素に分類している。

①計画する—企業の将来を検討し，諸活動の計画を立てること。

②組織化する—経営の物的・社会的（人的）二元的組織体の構築をすることで，あくまで仕事が能率的に達成できるための職能で，部門化，ラインとスタッフ，権限と責任などの問題もでてくる。

③指揮する—企業目的達成のための各人に対して配慮すること。リーダーシップ，コミュニケーション，人間関係などの問題がでてくる。

④調整する—すべての活動と努力を結合し，統合し，共通の目的達成のために調和をはかること。諸対立の解決など。

⑤統制する—当初の計画段階で決定された政策・命令・活動などが実行されているかの確認をする。

このファヨールの管理過程的分類は，マネジメント研究の基本的な方法，すなわち，プラン-ドウ-シーのマネジメントサイクルという管理過程と認識され，多くの研究者たちによって採用されていったのである。

またファヨールは，技術や会計などのいわゆる専門能力は学校教育の場で修得できるが，管理能力は学校では教えていないということに着目し，管理能力の教育・訓練を目的として『産業ならびに一般の管理』を著した。この過程でファヨールは，管理教育の前提条件としての管理理論の体系化の必要性から以下に示すような14項目にわたる管理原則を考えたとされている。

①分業—仕事は分業化して行う，権限も分化される。

②権限と責任—権限とは命令する権利である，責任と権限は一体である

ため管理者は責任感の強い人間でなければならない。

　③規律─企業と従業員の関係を良好なものにするための基準で，それを守っている形としてその態度，勤勉，服従，活動などで表現される。

④命令の一元性─命令はひとりの上司から受けること。

　⑤指揮の一元性─ひとりの責任者とひとつの計画のもとに指揮されること。

　⑥個人的利益の全体的利益への従属─従業員の利益よりも企業の利益を優先させること。

　⑦従業員の報酬─労使双方が満足する形で公正でなければならない。

　⑧権限の集中─分業によって分権化された権限は他方において集中させるのは基本的に必要なことである。

　⑨階層組織─組織は権限階層によって形成される。

　⑩秩序─秩序には物的秩序と社会的（人）秩序がある。適材適所の原則を守るべきである。

　⑪公正─従業員が企業に対して貢献や熱意を示すには，思いやりとか正義をもって従業員に接することである。

　⑫従業員の安定─従業員が職務に安心して専念できるように，配置転換，評価，時間，賃金，精神などの安定性を図ることである。

　⑬創意の奨励─従業員に実現可能な計画など創意工夫をうながすこと。

　⑭従業員の団結─文書を乱用したりして従業員の団結力を弱らせるようなことをしてはならない。

　これらの管理原則については，いくつかの原則の間に矛盾があるなど不充分な点も指摘し得るとの批判もあるが，ファヨールもその点を認知していて，一連の管理原則は灯台が航路を知っている人々のみに役立つのと同じように，経営管理を心得た人にのみ役立てられるものであるとしている。

(8) ドラッカーの「経営哲学」

ドラッカーの (P.F.Drucker, 1909～) は，オーストラリアのウィーンに生まれ，1932年の渡米，新聞記者，経営コンサルタントなどいくつかの職業を経験した後，ニューヨーク大学を経て1971年から現職でもあるクレアモント大学大学院の社会科学特別教授に就任した。そして，92才の現在までに多数の著書を世に出している。[27]

彼の経営学に関する理論は，メーヨー (E.Mayo) の文明批判的な問題提起，フォレット (M.P.Follet) の動態的管理論，バーナード (C.I.Barnard) の組織理論，これら3者を合わせもった考え方のうえになりたっているものと理解できる。また彼は経営哲学者，経営思想家として，史上まれに見る逸材として尊敬されている。それは，92才の今日に至るまでの人生経験，つまり実践による理論の構築がなされていることにあるものと考えられる。このような体験のなかにおいて最大なものは，ナチズムの出現であったとされている。すなわち，それまでの現代西洋文明がナチズムの出現によって破壊される不幸を見たこと，さらに彼自身もフランクフルトでの仕事を奪われ，家庭までもがこわされてしまったことなど，重なる不幸な体験が彼をして哲学的思考に走らせたのは当然の帰結であったということが容易に想像しうる。

彼はこれら一連の経験から，人間にとって何より不幸なことは，自由を奪われることであって，自由の本質をキリスト教の人間観に基づくところの「責任ある選択」(Responsible Choice) に求めた。これはすなわち，人間が何かをするとき，それをするしかないか，どんな方法でやるのか，その時どんな信念をもつかなどの選択するのと同時に，責任も発生するということを意味している。自由と責任はちょうどメダルの裏と表の関係にあるとこうした考え方に基づいて，ドラッカーは自らの人間的自由を奪い結果としてその卓越した経営理論を生み出す直接的な要因のひとつとなったナチズム克服の手段として，「自由にして機能する産業社会 (Free and

Functioning Industrial Society)」の建設を主張するに至った。[28]

　ドラッカーは，その著書『現代の経営』(*The Practice of Management*, 1954. 野田一夫監修，ダイヤモンド社，1987年)において，経営者としての責務として①企業の経営，②経営担当者の管理，③仕事と人間の管理という3点をあげている。

　①企業の経営については，われわれの事業とは何かという問いに対する答えとして，それは顧客が決めるものであって，経営者は顧客が誰なのか，彼らが求めているものは何かをいち早くキャッチしなければならないと説明する。また，事業の目的は事業のなかにあるのではなく社会のなかにあるとして，従来，最大利潤の追求にあると一般的に認知されていた事業の目的に関する概念を顧客の創造 (Creation of a Customer) に求めている。これは，商品・サービスというものが，顧客がそれらを求めて代価を支払った時点ではじめて存在するという考え方に基づいている。そして顧客の創造には，事業の基本的活動としてのマーケティング活動とイノベーション活動を常に行わなければならないという視点から，これら2つの事業活動を企業者機能 (Entrepreneurial Function) として考え，生産活動に関連して，いわゆる生産性と同じ意味を持つ管理者機能 (Administrative Function) と区別し，顧客の創造のためにはこれらの事業活動が重要であることを強調している。[29]

　このようにドラッカーが事業の目的を顧客の創造としているのに対して，社会一般には企業の行う事業の目的は最大利潤の追求であると認知されている。ドラッカーはこの利潤動機をある意味では否定している。つまり事業活動を継続しているうちには，さまざまな危険が伴うのであるから，それらの危険を補填する保険金として，事業存続・発展を保証するだけの必要最低利潤 (Required Minimum Profits) は確保するべきであるというのがドラッカーの考え方である。この利潤に関する考え方はフォードの企業観と共通するところがあり，フォードも利潤動機を否定し，事業活

動は奉仕動機によるものとしているが，ドラッカーと同様に利潤の存在は否定するものではないとしている。[30]

　ドラッカーは事業の経営を上記のように述べ，次の②経営担当者（管理者）の管理に関しては，事業経営の目的を理解し，目標の達成のために自己統制および効果的な組織運営，部下の指導をすることを管理者の責務としている。このため，チームワークによる最高業務執行役員制の奨励や「シアーズ・ローバック物語」，「フォード物語」，「IBM 物語」などの実際のケースを駆使して（ケーススタディ方式），マネジメントというきわめて実践的な知識，技能を理論的に理解させることを提案している。加えて，部下の育成は同時に管理者自身の人間的成長につながるものであるとの考え方にしたがって，管理者はまず品性が高潔でなければならず，管理者の品性が高潔（Integrity）でない場合には，組織にとって最も貴重な人的資源の価値も下がるばかりか結局は業績の低下にもつながるとして，管理者資質のなかでも特に品性を強調している。[31]

　このことは，経営者の責務の第3項目，③仕事と人の管理にも関係してくる。これはつまり，経営者は経営資源のなかでも最も重要な人的資源を現実の仕事の場においてそれぞれの人間的要求を理解し，働きがいのある組織を作っていくことの努力をしなくてはならないという主張である。[32]

　以上はドラッカーの「現代の経営」の著書にある経営者の責務に関してであるが，1999年に刊行された『明日を支配するもの』には経営者のみではなく，われわれ一般人のこれからの生き方に関して示唆に富んだ文章がある。すなわちドラッカーは，第6章の「自らをマネジメントする─明日の生き方─」において以下のように言う。

　『これからはますます多くの人たち，特に知識労働者のほとんどが，自らマネジメントしなければならなくなる。自らを最も貢献できるところに位置づけ，常に成長していかなければならない。やがて，働く期間は50年にも及ぶことになる。その間も，常に若々しく，生き生きと働かなけ

ればならない。自らが行うこと，その行い方，行うときを，いついかに変えるかを知らなければならない。……人への対し方の悪さによって，みすみす成果を上げられなくすることをやめることである。頭のよい人たち，特に若い人たちは，人への対し方が潤滑油であることを知らないことが多い。

物体が接して働けば摩擦を生じることは，自然の法則である。2人の人間が接して働いても摩擦が生じる。その時，人への対し方が摩擦を減らす潤滑油の役割を果たす。「お願いします」や「ありがとう」の言葉を口にすること，名前や誕生日を覚えていること，家族について尋ねることなど，簡単なことである。もし素晴らしい仕事が，人の協力を必要とした段階で常に失敗するようであれば，1つの原因として，人への対し方，すなわち礼儀に欠けるところがあるのかもしれない。……組織は，もはや権力によっては成立しない。信頼によって成立する。成立とは好き嫌いではない。信じあうことである。そのためには，互いに理解していなければならない。互いの関係について互いに責任をもたなければならない。それは義務である。』[33]

(9) その他の学説

① マズロー（A.H.Maslow, 1908〜1970）は『動機づけとパーソナリティ』を著し，そのなかで有名な人間の欲求5段階説（Theory of Needs-Hierarchy）といわれている動機づけ理論を示した。これは第3章で詳しく説明したい。

② リッカート（R.Likert, 1903〜1981）は，労働者を人的資源と考え，いわゆる経済的報酬（賃金など）を重点的に動機づけするのではなく，非経済的欲求を満たすことが重要としていて上司と部下が直結するのではなく，集団のリーダーを連結ピンとして「連結ピン理論」(The link-pin theory)を発表した。これは，組織におけるリー

ダーシップと生産性の関係について実証的研究の結果に基づいた理論である。

③ **マグレガー**（D.Magregor, 1906〜1964）は，行動科学的視点から人間行動の分析を行い『企業の人間的側面』（*The Human Side of Management*, 1960）という著書を出した。そのなかの「X理論—Y理論」は多く知られているところである。すなわち，「X理論」はマズローの低次元欲求にあたり，「Y理論」は高次元の欲求にあたるものである。自己実現の欲求などを満たすことは個人目標と組織目標の一致するもので「統合の原則」といい，「X理論」の「階層の原理」と比較されて多くの人々に知られているところである。[34]

キャデラック（1903）

提供：株式会社ヤナセ。

2．ドイツの経営学――ドイツ語圏を中心にした経営経済学――

　経営学の生成・発展の系譜には，ドイツにおける経営経済学とアメリカにおける経営管理学という2つの代表的な潮流が存在するというのが多くの研究者に認知されているところである。

　このうちドイツにおいて発達した経営学は，経営（Betrieb）を「経営する」という機能的，行動的なものとして把握するのではなく，むしろ経営の持つ経済的側面を主として研究するものとして発展したという経緯がある。

　たとえば企業が取り扱う価値の流れについては会計学，経営の社会的側面については経営社会学，人的側面や心理的側面については経営心理学，技術的側面については経営科学というように，アメリカにおける経営学が工場の現場や企業内部の諸問題から生成し，それらの問題解決の研究をしてきたのに対して，ドイツにおける経営学は商科大学の中心的研究科目として生成してきたもので，方法論を重視し，学問としての科学性を追求してきたという特色をもつ。このようにドイツの経営学は「経営経済学」(Betriebswirtschaftlehre) という名で総称されることからも分かるとおり科学性の問題を中心に発展してきたのである。[35]

(1) ニックリッシュの「経済的経営学」

　ニックリッシュ（H.Nicklisch, 1876 〜 1946）は，1921年に著した『経済的経営学』(*Wirtschaftliche Betriebslehre*) のなかで，企業概念としての経営概念を，①内部的価値循環（Jnnerer Wertumlauf）と②外部的価値循環（Ausserner Wertumlauf）とに分けて説明している。すなわち，ニックリッシュは経営経済的生産過程を価値循環の過程であるとした上で，①内部的価値循環は，まず開始価値すなわち原料や工場設備，土地，資本金などの経営過程（工場製品）への流入にはじまり，これに組織構成員の給付が加えられ，さらに経営過程から流出し（人件費），これに対する対価

(賃金)の流出が加わって,価値の循環が終るとした。この場合,経営給付に対する対価つまり経営成果(Betriebsertrag)は売上高から原価(外部から調達した資本金などの配布・利子などの支出)を差し引いたものとして表すことが可能である。この経営成果から賃金,俸給が分配されるのである。

②外部的価値循環は①内部的価値循環の最終段階であるところの経営成果分配の過程ということになる。そして経営成果の分配を受け取った者は家計のためや,企業への投資や預金などに使用する。ニックリッシュのいう「経済性」とは,「形成および維持の法則が経営経済的生産過程において支配していること」を意味しており,それは生産の過程において最大限の成果の算出と配分の過程における労使それぞれの給付に対しての公正な成果の配分のことである。したがって,経営の目標は利潤追求ではなく,労使の給付に対する配分に関係する「経営成果」を問題にしているということになる。

このように,経営経済学において,経営の場における人間の問題をとりあげたことには重要な意義があるのであって,ニックリッシュのいうところの良心的管理は目的設定と設定された目的の実現をより完全にするために役立つ管理という概念もまた人間に焦点をあてたものということができる。[36]

(2) シュマーレンバッハの「技術論としての私経済学」

シュマーレンバッハ(E.Schmalenbach, 1873～1955)は,『技術論としての私経済学』(*Grundlegung und Systematik einer wissenschaftlichen Privatwirtschaftslehre*, 1912),『原価計算と価格政策の原理』(1925年),『動的貸借対照表論』(1926年)などの著作を次つぎと発表し,経営の管理・統制,経営状態の把握などを目的とした原価計算,損益計算といった計算制度の確立に尽力し関連する研究を重点的に行った。また,それまでの「商業学」を「経営経済学」に導入するなど,問題の実践化,理論化の

重要性を強調した。このためか，シュマーレンバッハによれば，技術論としての私経済学の目的は，…実際にはいかにしてもっと多く儲けるかではなく，いかにしてもっと経済的に財を生産しうるか，いかにして合目的的に需要と供給を調和させることができるか…という点に集約される。[37]

(3) グーテンベルクの「経験・実存的理論」

グーテンベルク (E.Gutenberg, 1897 ～ 1984) は，1951 年に『経営経済学原理』(*Grundlagen der Betriebswirtschaftslehre*) 第 1 巻『生産論』のなかで，生産的な経営における経営給付生産のプロセスを分析し，そのプロセスをして基本的要素 (労働給付・経営手段・材料) と，管理要素 (営業および経営指導，人間集団あるいは組織の管理的・指導的性格をもった付加的な諸活動) の結合であるとの立場から，経営における生産諸要素の最有利な結合の重要性を主張した。このように物的結合諸関係や論理的依存関係を数学を駆使して関係的・理論的に説明しようというのがグーテンベルク経営経済学の第一の特色とされている。

メルセデス・ベンツ（1886 年）
提供：株式会社ヤナセ。

つづく第2巻『販売論』では，生産された財貨の販売と用役給付経営の特徴である用役の提供という経営活動のなかで重要とされている経営給付販売を取り上げ，第1巻で用いられた方法論にしたがって，販売方法，価格政策，製品計画，広告などに関する販売政策論が展開されている。

　第3巻『財務論』では，資本の調達と運用などの資本の経過と財の購入，生産，販売，といった財経済的諸経過を関連させるなどの理論構築をはかっている。[38]

3. 日本の経営学——その時代背景と著書を中心に——

　わが国の経営学の生成・発展は，アメリカなどのそれとは質的にかなり異なったものである。つまり，経営学の本来の目的である現実の企業経営への適用の学としての研究ではなく，もっぱらその発展過程は，学説や理論の解説・比較研究などを中心に行う理論への志向性のきわめて強いものであった。この実務軽視の傾向は，今日においても教育の場などにみられるところであるが，このような特色はわが国の経営学生成時に起因するとされている。

　すなわち，わが国において本格的な経営学研究が行われたのは第一次世界大戦後，ドイツから導入した経営経済学研究がその嚆矢であるとされている。当時の研究の中心は「商業学の経済学化」などと今日呼ばれているように，きわめて経済学的色彩の強いものであって，資本の循環的流れ，資本の投下・生産・消費・回収という資本回転率など経営学というより経済学としての理論的な知識の追求を重点的課題とした。そして，第二次世界大戦後に，実践型のアメリカ経営学が導入されるころになって，それまでの理論中心であったわが国における経営学に対する認識は大きく変化することとなったのである。

　アメリカの経営学は，企業経営の場において発生するさまざまな問題に対して合理的・科学的手法を用いて解決をはかるというもので，実践を理

論化した学問であった。その学問的リーダーとしては、テイラー、ファヨール、バーナード、フォード、ドラッカーなどがあげられるが、この著名な研究者たちは、実際に企業家として企業経営を体験した人々であり、その実践の場における経験を土台として、理論構築を行っており、こうした土壌から生み出されたアメリカ経営学の各種理論は、多くの企業家、経営学研究者にとって多大な貢献をなし得たことになる。

このようにわが国の経営学は、企業の実践的な経営管理を研究対象とするアメリカ経営学とドイツの経営経済学的アプローチ、そしていわゆる商業経営そのものを研究対象とするわが国独特の商業経営学という3者の合体によって生成し、発展してきたといえる。しかし、以下には、単に諸外国から移入された経営学研究の系譜とそれらに関連する研究者の学説紹介にとどまることなく、歴史的背景との関係において、かつての商人学から今日の経営学に至るまでのわが国における経営学実践・研究の過程を概括することとする。[39]

(1) **経営学成立前史**

わが国の経済のかたちは、徳川時代の中期以後、国民経済としての体裁がととのえられ、それまでの商人学（商人道徳論、読み・書き・そろばんなど）は、当時、欧米において発展研究されていた商業研究を導入し、欧米的な商業学のかたちとして発展をとげ、その後、明治・大正時代にかけて、しだいに商業経営論として研究されるようになっていった。

明治35年に金井延が『社会経済学』、36年に三浦新七が『商業経済学』（営業主体の組織・活動に関する商業経営論）を、同じく36年に関一が『商業経済政策』（商事経営学の重要性を主張）などを著した。また、42年には上田貞次郎が『商事経営学とは何ぞや』を『商業大辞典』において発表している。44年には安成貞雄によってテイラー・システムの紹介論文が出された。その後大正年間に入って星野則行がテイラーの『科学的管理

法』を翻訳。大正11年には渡辺鉄蔵が『商事経営論』，15年に増地庸治郎が『経営経済学序論』すなわち日本初の「経営経済学」の名称を冠した本を出版し，同年，渡辺鉄蔵が『工場経営論』を著している。

　商業教育の状況は，江戸期においては，商業徒弟教育（店内徒弟教育），商業心得書，教訓の書として，石門心学書などによって，教育がなされた。明治期に入り近代的学校制度がとられるようになると，明治8年頃から高等商業学校，私学の創設，外国人による伝習教育などが普及し，徒弟制度（商業徒弟制・職人徒弟制）は残存するものの，企業内にも企業機関を設けて教育するなど，経営者独自の教育理念による企業内教育の事例が，一部に散見されるようになる。明治中期の23年～36年頃になると，産業資本主義の形成，確立にともない，三井，三菱，住友，安田，古河などが家業的企業形態を残しつつも多角化経営にのり出していった。年貢奉公は衰退しはじめ代わって公教育の利用も進み，明治19年には東京大学，30年京都大学，31年現一橋大学など官立大学を組織するが学制整備が進む一方で，慶応義塾，早稲田などの私学の「大学」化も行われた。明治末期には，職工養成のための工場付属職工養成学校を設けるなど，また商業では夜間店内教育，夜学通学の奨励などが盛んに行われ，東京大学に経済学科・商業学科が設置されている。

　大正期は，アメリカの科学的管理法などの導入が行われ，商業学・商業経営学・工業経営論などの中心は管理論的色彩の強い，商業の現場，生産（工業）の現場を対象としたものとなった。したがって，労務管理論や販売管理論的な研究が盛んとなり，さらにドイツの私経済学・経営経済学・企業論の影響を受けた書物が次々と刊行されている。

(2) **第二次世界大戦前**

　昭和2年には，金融恐慌，6年には満州事変など政治・経済をはじめとする多くの側面でわが国は不安定な時代にあったが，平井泰太郎が3年に

『経営学の体系』,次いで7年に『産業合理化図録』を相次いで出版,4年には増地庸治郎が『経営経済学』を,同年池内信行によって『経営経済学の成立』が刊行されるなど,ドイツの経営学の影響からその指導原理を「経済性」にもとめた研究が多く見られるようになる。また,6年の五・一五事件,11年の二・二六事件,12年には日中戦争もはじまるなど戦時色の強まるなかでの重化学工業発展にみるように,経営学においても戦時体制への全面的協力化の立場をとっていった。10年には平井泰太郎が『経営学通論』を著したが,この書物は経営学の体系化をめざし,広く事業一般の経営を明らかにすることを研究目標としたものであった。これに対し中西寅雄は6年に『経営経済学』において,経営経済の実践的目標達成の手段に関する経営経済論・政策論は理論的経済学ではないという批判を行っている。そして,徐々に経営学総論の著書が数多く刊行されるようになった。13年に佐々木吉郎が『経営経済学総論』,15年に池内信行が『経営経済学序説』を著している。つづいて統制経済関係の経営学書の出版があり,15年には大木秀男が『統制経済と持株会社』を,16年に馬場敬治が『組織の基本的性格』でウエーバー(M.Weber)などの方法論を吸収し,理論科学を志向した。このように,わが国の経営学は,第二次世界大戦に突入する直前までは,実践科学,あるいは理論科学,特にドイツ経営学の影響を受けながら,また一方でドイツ経済学の研究も盛んに取り入れつつ発展してきたのである。

(3) **第二次世界大戦以後**

この時期は,敗戦によってあらゆる分野において大混乱と大変化がもたらされた時期といってよい。占領政策のもと,財閥解体,農地改革,独禁法の制定,労働三法,学校教育制度などに抜本的な改革がなされた時代である。虚脱と混乱の状態は続いていたものの産業界においては,22年頃からようやく,石炭,鉄鋼などの基幹産業から「傾斜生産方式」などに

よって復興の気運が盛んになり，経済正常化の兆しがあらわれはじめてきた。このような状況下で，経営学研究は，21年に北川宗蔵が『経営学批判』を，22年に馬場克三が『企業と労働問題』，同年山城章が『企業体制の発展理論』を，23年には佐々木吉郎の『経営経済学への道』をはじめとして，古川栄一『アメリカ経営学』，小高泰雄『経営経済学』，藻利重隆『株式会社と経営者』など，経済の復興と同時に多数の著作の刊行がなされたのである。

　そして，昭和25年に朝鮮動乱の勃発と同時に特需ブームが起こり，経営も自主的に設備投資などを行い体制を整え，力をつけていった。この間，産業の復興，発展にともない管理者教育用，TWI. MTP. CCSなど，内部統制や利益計画に関したアメリカの経営管理技法が盛んに取り入れられるようになった。著書としては，25年に古林喜楽『経営学』，高宮晋『企業経営新論』などが，29年には馬場敬治による『経営学と人間組織問題』が刊行された。その後，神武景気，岩戸景気，オリンピック景気，いざなぎ景気とわが国産業の大好況期，いわゆるバブル期に入り，経営学も一大ブームをむかえた。生産性向上のための人間関係，労務管理，長期計画，経営革新などの研究が盛んに行われ，OJTやOFF・JTなどの研修も当然のごとく行われるようになった。著書も32年に占部都美の『近代経営管理論』，34年には鈴木英寿の『ドイツ経営学の方法』，三戸公『個別資本論序説』，36年山本安次郎『経営学本質論』，37年古川栄一『現代の経営学』などが著された。この頃から国際的貿易自由化もはじまり，資本の自由化も促進されていった。企業合同，近代化，企業の系列化の気運もたかまり，アベグレンをはじめとする外国人研究者による『日本的経営』の研究も盛んに行われるようになっていった。経営学研究においては，企業の社会的責任，人間性回復，動態的組織の問題などが取りあげられていた。41年には馬場克三『経営経済学』，43年に角谷登志男『経営経済学の基礎』，45年に権泰吉『経営組織論の展開』，47年に木本進一郎

『労務管理』，48年に片岡信之『経営経済学の基礎理論』など多数の著書の出版がみられたのである。

　昭和も後半から現在にいたる時代背景としては，円変動相場制への移行，第一次・第二次オイルショック，バブル崩壊などを受けて，環境の変化に対応する理論，つまり，コンティンジェンシー理論，国際経営比較，多国籍企業論などの他，企業の所有と支配に対応したものとして，奥村宏の『法人資本主義』，三戸公の『公と私』などの著作が刊行された。

　今日，不透明で先行きの全く見えない混沌とした社会環境のなかにあって，われわれはいまいちど原点に立ちかえり，あくまで謙虚な姿勢を保ちつつ，過去の時代背景をたどりながら現在と未来とを思考する態度で経営学の研究をしてゆく必要があろう。この意味において，上述したような明治期から現在に至る経営学の潮流に関する考察は，今日，一層その重要性を増してきているといってよい。

オートモ号（1925年・大正14年）

＊オートモ号の価格1,780円（3人乗）。当時の大学卒の初任給は月給50円～70円で計算すると今の価格で約600万円になる。
提供：トヨタ博物館。

III. 経営学と隣接科学

　20世紀初頭に誕生した経営学は，その後関連ある自然科学とさまざまな関係をもち，相互にシナジー効果をもちながら発展し100年を経てきた。その発展過程を横浜市立大学齊藤毅憲教授は，「経営学パラダイムの30年革新説」として分析している。すなわち，1900年前後(経営学の誕生時)の経営学を「企業内部の合理性を重視するパラダイム」とし，1930年ごろを，「企業内部の人間に配慮するパラダイム」そして1960年前後を，「環境との関係に配慮するパラダイム」へと，変化してきていると唱えている。これらの発展プロセスからの分析からすれば，科学的管理の父であり，経営学者のパイオニアであるF.W.テイラー，M.P.フォレット女史，C.I.バーナード，P.F.ドラッカーなどの諸説は，その時代の状況の中でマネジメントの研究および方向性を示しており，今日のように企業をとりまく環境激変の時代においてもそれらの研究結果は脈々と生きつづけていることにあらためて驚かされる。

　以上のように史実にもとづいて経営学を学ぶことは当然であるが，一方下記に挙げるところの隣接科学，関連科学をも同時に学ばなくてはならない。それは言うまでもなく，経営学が人間学として，あるいは実践科学として，その理論構築にあたって検討・考察を加えるべき領域が広範囲にわたる学問であるからである。それではここに言う隣接科学・関連科学はどのように分類すべきなのか。以下に，明治大学藤芳誠一名誉教授の説を紹介したい。[40]

　隣接科学というのは，広義には経営学の研究範囲に属しており，特に経営学に密接な関係をもつものもあるが，それぞれはすでに独立した学問として存在している。具体的には，①経済学，②会計学，③経営社会学，④経営心理学，⑤労働科学，⑥経営法学，⑦経営工学(科学)，⑧経営数

学，⑨経営統計学などである。

　①「経済学」（Economies）は総合的に経済の研究を行う学問で，非常に複雑な経済現象の中に存在する法則の解明を行い，これを目的に適用しようとしたものとされている。最近たびたび耳にする例として日銀における規制緩和はデフレ状況回避目的のための具体的施策である。経済学の研究としては，古くからマルクス経済学と近代経済学が知られている。そもそも経営学の生成は，この経済学を母体として経済学の一分野として研究されてきた。したがって経営学として独立した学問として認知されてくるまでの道程において経済学と経営学は最も密接な関係にあったものである。

　②「会計学」（Accounting）は会計を研究の対象とする学問であるが，通常は企業会計が中心である。会計学は，損益計算書，貸借対照表などによって，現時点における経営状況の分析，つまり，収益，費用，資本など状態を把握するもので，これらを導き出すための方法として，簿記（Book Keeping），原価計算（Cost Accounting），管理会計（Managerial Accounting）などがある。また時代とともに研究の種類も変化し，新しく聞くものとして環境会計がある。

　③「経営社会学」（Betriebssoziologi, Sociology of Personnel Management）は，特に第二次世界大戦後に発展した学問で，産業社会学（Industrial Sociology）の一分野とされている。研究対象は，企業内における従業員の個人的あるいは組織集団の行動，態度，相互関係，モラール（Morale），モチベーション（Motivation）の問題など，企業における人間的側面や社会的側面を研究する。この意味で経営社会学の研究課題は，複雑・多岐にわたるが，結果的には従業員個々人の生きざまと深く関連するものということができる。

　④「経営心理学」（Management Psychology, Business Psychology）は産業心理学（Industrial Psychology）の一分野とされ，先の経営社会学は

人間関係論的アプローチに関連するのに対して，経営心理学は，企業内における個人あるいは小集団の行動様式を心理学的側面から研究しようとする学問であるといえる。不況によるリストラなどに対するカウンセリングなどの応用やグループ・ダイナミックス (Group Dynamics) の研究にはかかせないものである。

　⑤「労働科学」(Arbeitswersenschaft, Science of Labor) は，主に労働者の生産活動にともなって生じる疲労，単調感などの生理学的な研究を行うもので，テイラーの科学的管理法の批判から始まったとされている。人間労働が有する特性の研究であることから当然，労働生理学 (Arbeitsphisiologie) や労働心理学 (Arbetspsychologie) も研究分野として含まれてくる。

　⑥「経営法学」(Business Law) は，経営において遵守しなければならない各種の法律を体系的に示した学問であって，特に労使関係についての研究が中心課題である。

　⑦「経営工学」(Management Engineering) は，経営もしくはその構成要素に対する工学的研究方法の応用といえるが，具体的には経営もしくはその構成要素を解析・設計するに際して工学的方法論を適用しようとするものである。

　⑧「経営数学」(Business Mathematics) は，経営に関する数学的アプローチの適用を試みようとする学問である。具体的には確立モデル (Queuing Theory)，経営システム・モデル (Management System Model)，シミュレーション (Simulation)，統計的手法の導入・利用など，今日のIT革命時代においては，交渉の場においても頻繁に活用されている数学的知識がこの領域には含まれている。

　⑨「経営統計学」(Business Statistics) は，母集団として設定した経営の中から基本的モデルを抽出し，生産性向上や構造の分析を行うもので，標準モデルを導くための手法や情報の収集・処理・分析というような

経営戦略上重要な方法論が多く含まれている。

Ⅳ. 経営学と関連科学

　前節Ⅲ。隣接科学よりは経営学に直接的にかかわりのない独立した科学であるところの関連科学として考えられる学問としては，以下の諸科学をあげることができる。すなわち，①行政学，②社会学，③心理学，④文化人類学，⑤数学，⑥統計学，⑦工学，⑧法学，⑨医学などである。[41]

　①「行政学」（Political Science）は，政治の行われているところには必ず存在するものであるが，立法，行政，司法という三権の分立によって，特に行政の考え方が明確になってきた。国家の統治作用のうち，立法と司法を除くすべての面において行政はかかわってくる。社会の発展，変化とともに行政機関も整備，改革されてくる。経営に関しても大規模企業の出現などから，主として管理の部分において行政の考え方が取り入れられている。

　②「社会学」（Sociology）は，人間の社会における共同生活などのあり方の研究をするもので，具体的には，共同生活，その文化，ライフスタイル，規範などを解明しようとする科学である。このような考え方を経営管理に適用したのが経営社会学（Betriebssoziologie, sociology of personnel Management）で，特に労務管理には必要な学問である。

　③「心理学」（Psychology）は，いわゆる心の学と唱されるもので，その語源はギリシャ語のプシュケ（Psyche 心の意味）とロゴス（Logos 理あるいは学の意味）との合成語とされている。心理学は主に，知覚，記憶，感情，意欲などの諸問題を研究対象とし，基礎心理学と応用心理学とに大別されるが，経営に関係するのは，応用心理学の一派をなす経営心理学といわれる学問である。地球環境の変化，長びく不況によるリストラなど不安材料が山積している現在，この経営心理学は産業カウンセラーの基礎的

知識として特に注目されている。

　④「文化人類学」(Cultural Anthropology) は，人類の起源・歴史の構成を意図するものとされている。具体的な内容としては，それぞれの時代の各地域に見られる独特の文化を研究する学問であり，一般的には考古学に関するものの応用が多く見られるが，経営学との関連では，ホーソン実験 (Hawthorne Experiments) など，経営の場においての応用もみられるものである。

　⑤「数学」(Mathematics) は，数・量・空間・図形などの形式的性質や関係について，いわゆる三段論法を駆使して，その抽象的構造を研究する学問である。経営の場においては，不動産売買などの交渉の際などに適用されている。また，財務管理では利益率の計算，評価法など空間的数値の把握，あるいは経営戦略におけるランチェスターの法則の計算など，経営の場へ数学を適用するのが経営数学 (Business Mathematics) である。

　⑥「統計学」(Statistics) は，人・物・出来事というような集団について，その特性を数量的・いわゆる統計的に測るための方法を作成したり，分析および記述を行う科学であり，得られた数値による判断・推論の方法を研究する学問である。統計学には主に社会統計学と数理統計学があり，経営学との関連においては経営統計学 (Business Statistics) と呼ばれている。

　⑦「工学」(Engineering) は，基礎的科学知識を主として工業生産 (労働手段が中心) に応用するための応用的科学技術の開発が研究の対象であるが，このような工学の研究方法を経営に応用しようとするのが経営工学 (Management Enginereng) である。今日では働く身障者を配慮した作業場つくりなどに多く見られるものである。

　⑧「法学」(Law) は，一般に法を対象としたあらゆる学問のことであって，法哲学・法解釈学・法史学・法社会学・立法学・法政策など

が含まれる。経営に関係する法律についての研究をするのが経営法学（Business Law）である。

⑨「医学」（Medicine）は，人体の構造や機能に関する知識を基礎として，人間の病気の原因，その治療法・予防などを研究する学問であり，その目標とするところは，当然人間の健康の増進にある。人びとが心身共に健康であることが労働の生産性の増進につながると同時に健康で明るい生活が保たれることになるという考え方の上に成り立つ学問体系であるという意味において，医学も経営に大いに関係のある関連科学といえる。

以上のように，経営学は，隣接科学・関連科学と広範囲にわたって密接な関連を持った学問体系であるといえる。経営学を修得し研究するにあたっては，切り口をどこにするかは自分の興味・関心のあるところから学んでいくことが大切であることは勿論だが，一般にT型知識といわれるように，広範な学問体系の全体像を概括的に認識した上で，深く追求したいものを学び続ける心がけを持つことが重要である。

【注・参考文献】
1) Frederick Herzberg, Work and The Nature of Man, 1966.（北野利信訳『仕事と人間性 動機づけ―衛生理論の新展開』東洋経済新報社，1989年，1頁。）
2) 森田保男著『経営学―生きた知識をどう学ぶか―』同文舘，1996年，195頁。
3) 藤芳誠一監修，『新経営基本管理』泉文堂，2000年，167-168頁。
4) 藤芳誠一監修，同書，163-164頁。
5) 藤芳誠一著『経営基本管理』泉文堂，1993年，168頁。
6) 藤芳誠一監修，前掲書，231頁。
7) 藤芳誠一監修，前掲書，231頁。
8) 藤芳誠一監修，前掲書，231-232頁。
9) 藤芳誠一監修，前掲書，231-232頁。
10) 坂井正廣編著『人間・組織・管理―その理論とケース―』文眞堂，1992年，132-133頁。
11) 藤芳誠一著，前掲書，198頁。
12) 坂井正廣編著，前掲書，154-155頁。
13) 藤芳誠一著，前掲書，201頁。
14) 藤芳誠一著，前掲書，202-204頁。
15) 藤芳誠一著，前掲書，204頁。
16) 森田保男著，前掲書，214頁。
17) 森田保男著，前掲書，215頁。

18) 森田保男著，前掲書，215 頁。
19) 森田保男著，前掲書，216 頁。
20) 藤芳誠一監修，前掲書，216 頁。
21) 森田保男著，前掲書，215 頁。
22) 森田保男著，前掲書，215-216 頁。
23) 森田保男著，前掲書，216-217 頁。
24) 藤芳誠一監修，前掲書，173 頁。
25) 坂井正廣編著，前掲書，64 頁。
26) 藤芳誠一監修，前掲書，173-178 頁。
　　森田保男著，前掲書，119-203 頁。
27) 坂井正廣編著，前掲書，169 頁。また，最近のベストセラーである P.F. ドラッカー著，上田惇生訳『明日を支配するもの―21 世紀のマネジメント革命―』ダイヤモンド社，1999 年は，わが国の将来にとって示唆に富んだものとして，ジャーナリスト，企業家，研究者，ビジネスマンなどの多くの人びとに読まれている。
28) 坂井正廣編著，前掲書，169-170 頁。このような自由と責任に関わるドラッカーの考え方は，刊行された多くの著書の随所に散見されるのであってたとえば『現代の経営』(1954 年)，『創造する経営者』(1964 年)，『経営者の条件』(1966 年) などでは，特に経営者の社会的責務の重要性が主張されている。
29) 藤芳誠一監修，前掲書，186-188 頁。
　　坂井正廣編著，前掲書，173-174 頁。
30) 藤芳誠一監修，前掲書，183，189 頁。
31) 坂井正廣編著，前掲書，175-176 頁。
32) 藤芳誠一監修，前掲書，186 頁。
　　坂井正廣編著，前掲書，176-177 頁。
33) P.F. ドラッカー著，上田惇生訳『明日を支配するもの―21 世紀のマネジメント革命―』ダイヤモンド社，1999 年，192，198，224 頁。
34) 森田保男著，前掲書，206-208 頁。
35) 森田保男著，前掲書，189-190 頁。19 世紀末に，生産費の切り下げによる対外競争力増強と海外進出要員育成がドイツ国内で急務となったことから，国内に商科大学の設立が相次ぎ結果として，科学性の追及という性格の強い経営経済学としてのドイツ経営学の潮流が生れたとされている。
36) 藤芳誠一編著『経営学』学文社，1979 年，75-76 頁。
37) 森田保男著，前掲書，191 頁。
　　坂井正廣編著，前掲書，213-214 頁。
38) 藤芳誠一編著，前掲書，78-80 頁。
39) 片岡信之編著，『要説　経営学』文眞堂，1994 年，319-332 頁。
　　藤芳誠一編著，前掲書，90-97 頁。
　　森田保男著，前掲書，223-224 頁。
40) 藤芳誠一編著，前掲書，12-13 頁。
41) 藤芳誠一編著，前掲書，14-15 頁。

Eye（愛）・Contact

★自動車産業の歴史は経営学の歴史

　第1章には，3枚の自動車，それもかなりクラシックな写真が掲載されています。最初の写真がジェネラル・モータースのキャデラック，2番目がメルセデスベンツ，最後がわが国初の国産自動車，オートモ号です。組立機械産業の花形として19世紀末から20世紀初頭に花開いた自動車産業は，フォード・システムと呼ばれるベルトコンベアを用いた大量生産システムが採用されるなど，従来の工業にはなかった画期的な生産方式が多数導入され，これにともなって新しい生産管理や組織管理の方法が，自動車産業の中から次々と世に送り出されました。まさに自動車産業の歴史は経営学発達の歴史といっても過言ではなく，このことが，経営学の何たるかを説明しようとする本書の最初の章にこれらの写真が掲載されている理由なのです。

第2章

経営・組織とビジネス

I. 経営の本質

　ここにいう経営とは企業経営を意味する。
　企業は，人びとのニーズを満たすために経営資源（人・物・金・情報・時間・ノウハウなど）を的確に配分し，それを効果的に活用することによって最大利潤を得るための活動をする。このため企業はまず基本的信条すなわちコンセプトの確立が重要になってくる。それらは具体的に経営方針もしくは目標にかかわることになるが，結果的にその企業の運営が社会的貢献につながるものでなければならない。
　方針・目標が設定され，目標達成のために組織の構成・整備を行い，環境の変化に対応させながら継続的に計画的に事業活動を行うことを経営というのである。

II. 経営組織の編成要件

　企業の規模が拡大すると同時に，共通の目的（その企業の目的）をもって協働する人間も多くなってくる。企業は，その目的達成のために自社の経営資源を有効に活用して，付加価値を生産する。この場合，人による組織体の効率的活動が重要になってくる。

第2章 経営・組織とビジネス　41

　近代管理論の祖といわれるバーナード（C.I.Barnard）は，組織を「2人以上の人間が共通の目的を達成するために協働する秩序ある集団」と定義した上で，それらの人びとが相互に意思の伝達が可能であり，企業への貢献意欲をもち，共通の目的達成を目指そうとするときに組織体制が形成されるというように組織の成立条件をあげている。[1]

　また，組織はその規模の大小にかかわらず効率的な事業の運営のため構成されている。そして組織構成には，以下にあげるような「伝統的な原則」がある。すなわち，①権限委譲の原則，②権限・責任一致の原則，③統制の幅（スパン・オブ・コントロール）の原則，④分業ないし専門化の原則の以上4点である。このうち①権限委譲の原則は，分業が進むにつれて，従来，上司がこなしてきた仕事の中からルーティン的なものが切り離されて部下へと引き渡され，同様にその仕事を遂行するための権限も委譲されるというものである。この場合，部下はその権限と同等・同量の責任も委譲されることになるけれども，上司は部下に仕事と責任の委譲はしても，監督責任（レスポンシビリティ）は残るのであるから，部下が失敗した場合の監督責任は問われることになる。これが②権限・責任一致の原則である。このため上司が有効に統制・管理監督できる部下の人数は当然制限されるが，これが③「統制の幅（スパン・オブ・コントロール）」の原則とよばれるものである。権限と責任の一致をみることのできる部下の人数は，仕事の内容や部下の能力にもよるが，一般的には5〜7人程度であるとされている。そこで，仕事の能率を上げるために一人ひとりの分担職務を専門的に行うように考えられたのが④分業ないし専門化の原則である。この第4の原則については，たとえばF.W.テイラーは，科学的管理法の手法を実践するに際して，現場の職長の職務を，着手係，指導係，検査係，修繕係の4種類に，また，計画部門の職長の職務を順序手順係，指導表係，時間・原価係，工場監査係の4種類にそれぞれ分類し，経営職能と作業職能の分化を図ったのはよく知られているが，これも④分業ないし

専門化の原則を導入した結果である。[2]

III. 経営組織の基本構造

(1) ライン組織（Line Organization）

別名「軍隊組織」と言われる通り，上位者から下位者の階層に至るまで命令一元化の原則に貫かれており，部下は直属の上司の命令のみを受け，仕事の結果報告をその上司にするという構造の組織である。

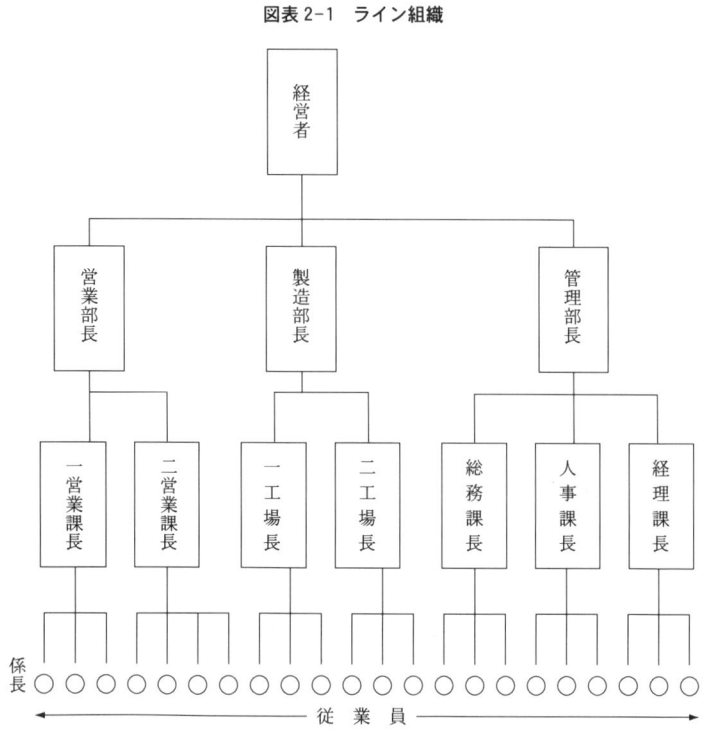

図表 2-1　ライン組織

```
                            経営者
         ┌──────────────────┼──────────────────┐
      営業部長            製造部長            管理部長
      ┌──┴──┐         ┌──┴──┐         ┌──┬──┴──┐
   一営業  二営業      一工場  二工場     総務   人事   経理
   課長    課長        長      長         課長   課長   課長
    │      │           │       │          │      │      │
係長○○○○ ○○○○ ○○○○ ○○○○ ○○○○ ○○○○ ○○○○
    ←────────────────── 従業員 ──────────────────→
```

出所：片岡信之・齊藤毅憲・高橋由明・渡辺峻著『はじめて学ぶ人のための経営学』文眞堂，2001年，116頁に著者一部加筆。

このタイプの組織の長所としては，命令系統が明確であり，責任・権限の所在がはっきりしている点などが指摘し得る。しかしながら，上から下への命令がスムーズに流れる反面，下から上への情報は流れにくい，小規模な組織では，命令の伝達や規律を守らせることが可能であるが，大規模になってくると命令の伝達や部下（現場）からの情報収集が文書に頼ることになるなどの欠点をもあわせもっている。[3]（図表2-1）

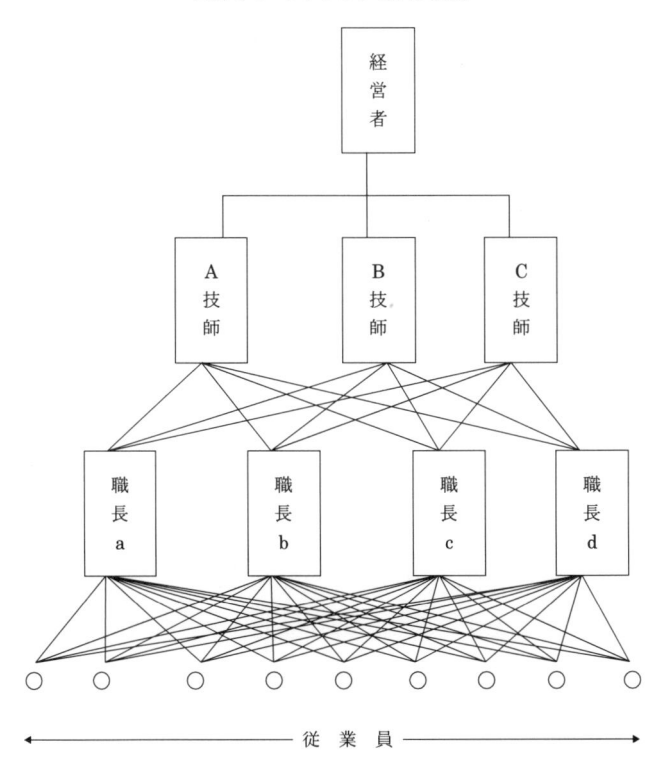

図表2-2　ファンクショナル組織

```
                    ┌─────┐
                    │経営者│
                    └──┬──┘
         ┌─────────────┼─────────────┐
      ┌──┴──┐       ┌──┴──┐       ┌──┴──┐
      │ A技師│       │ B技師│       │ C技師│
      └─────┘       └─────┘       └─────┘
```

（職長 a／職長 b／職長 c／職長 d）

←──────── 従 業 員 ────────→

出所：片岡信之・齊藤毅憲・高橋由明・渡辺峻著『はじめて学ぶ人のための経営学』文眞堂，2001年，116頁に著者一部加筆。

(2) ファンクショナル組織（Functional Organization）

科学的管理法の創始者である F.W. テイラーの考案になるファンクショナル組織は別名職能型組織とも呼ばれ，前述のライン組織の欠点を補うための合理的，効率的管理に適した分業化と専門化の原則を基本とする構造になっている。

このタイプの特徴は，ライン組織のように部下が直属の上司ばかりでなく，専門的な熟練や知識を持つ複数の上司からも各職能に関する命令や指示を受けることができるので，比較的高いレベルの教育訓練が可能であるという長所がある。しかしその反面，命令一元化の原則からはずれる危険性も出てくるという欠点もある。現今では採用は少ない。[4]（図表2-2）

(3) ライン・アンド・スタッフ組織（Line and Staff Organization）

組織を構成する場合の原則として必要不可欠ではあるが互いに矛盾するという命令一元化の原則と専門化の原則の関係を考慮し，それぞれの不足部分を補おうとする組織の形態である。そのため，専門的な立場からラインに助言や支援を行うスタッフ制度が取り入れられており，スタッフの任務は情報の提供と助言に限定されていて，ラインはその助言を十分に参考や判断の材料とすることができる。[5]（図表2-3）

(4) 職能別組織（Functional Division Organization）

この組織は，その経営活動の流れによって職能ごとに部門編成を行い，さらに効率的な活動をするために専門化をはかり目的遂行を思考するという意味で，分業・専門化に基づいた組織編成といえる。

職能別組織は，単一市場で単一製品を製造・販売している（製品あるいは事業の多角化がなされていない）比較的小規模な企業において採用されている場合が多い。このような場合には，各部門間の情報交換・調整などは社長と各部門長の合議によって，社長を中心として上からした へ集権的

に行われるところから，職能別組織は時として中央集権的な組織とも呼ばれる。

職能別組織は，資源（設備・人間）の共有化や管理費の節約による規模の経済性，専門化による専門的知識・技術の活用・蓄積等の長所を持つが，反面，セクショナリズムの発生，経営者の負担増と意思決定の遅れ，各部門ごとの評価の困難性などの欠点を持つ。このため製品の種類の多角

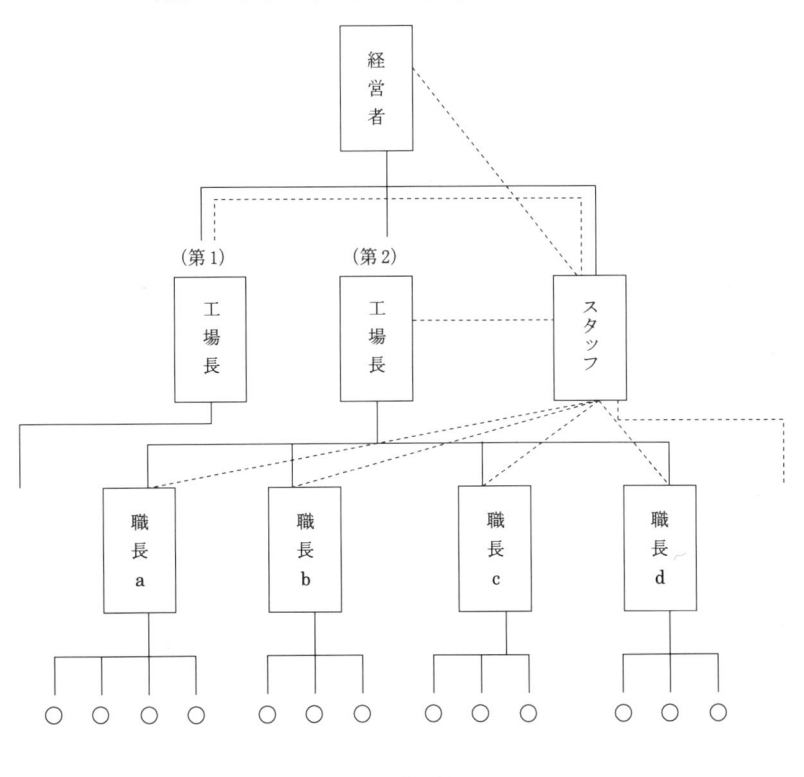

図表 2-3　ライン・アンド・スタッフ組織（製造工場の場合）

```
                    ┌──────┐
                    │経営者│
                    └──┬───┘
          ┌────────────┼────────────┐
       (第1)        (第2)           │
      ┌────┐      ┌────┐        ┌──────┐
      │工場長│     │工場長│       │スタッフ│
      └──┬─┘      └──┬─┘        └──────┘
         │           │
   ┌─────┼───────────┼─────────┐
 ┌───┐ ┌───┐       ┌───┐     ┌───┐
 │職長│ │職長│       │職長│     │職長│
 │ a │ │ b │       │ c │     │ d │
 └─┬─┘ └─┬─┘       └─┬─┘     └─┬─┘
  ○○○○ ○○○○        ○○○○      ○○○
  ←────────── 従 業 員 ──────────→
```

出所：片岡信之・齊藤毅憲・髙橋由明・渡辺峻著『はじめて学ぶ人のための経営学』文眞堂，2001 年，118 頁に著者加筆。

化を実施する場合などには，製品別・地域別・顧客別などに編成された事業部制組織への組織構造の変更が必要になってくる。[6]（図表2-4）

(5) **事業部制組織**（Divisionalized Organization）

　事業部制組織は，企業の事業規模が拡大し，事業を実施する地域の広域化や製品の多角化などが図られるようになると，各地域や営業ブロックあるいは製品の種類などにしたがって編成されるのが一般的であって，概ね以下のような3つの特色をそなえている。

　①地域あるいは製品を基準とする事業部編成

　　地域別の事業部制組織は金融機関やデパートなどの小売業に，また，

図表 2-4　職能別組織

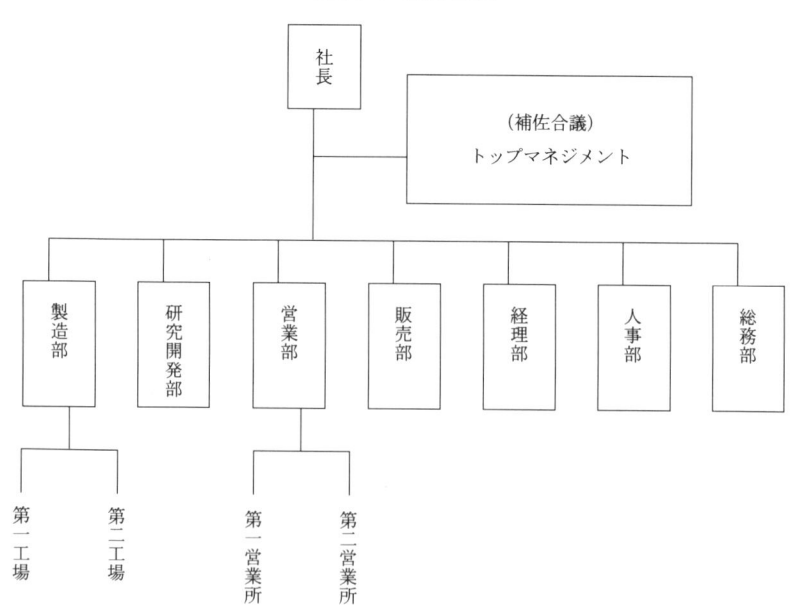

```
                        社長
                         │──────（補佐合議）
                         │        トップマネジメント
  ┌──────┬──────┬──────┼──────┬──────┬──────┐
 製造部  研究   営業部  販売部  経理部  人事部  総務部
        開発部
  │              │
 ┌┴┐          ┌┴┐
第一 第二    第一 第二
工場 工場    営業所 営業所
```

出所：藤芳誠一監修『新経営基本管理』泉文堂，2000年，88頁に著者加筆。

第2章 経営・組織とビジネス　47

製品群別事業部制組織は製造業に多く見られる。金融機関やデパートの場合は，各支店・店舗の立地に応じて地域を基準とする事業部門化が実施され，販売や営業に関する具体的戦略が事業部の責任のもとに決定される。これに対し，製造業の場合は，製品の種類を基準として編成された各事業部が，独自に担当する製品とその市場とを担当し，開発から原料調達，製造，販売にいたるほとんどの経営プロセスにおいて必要に応じて権

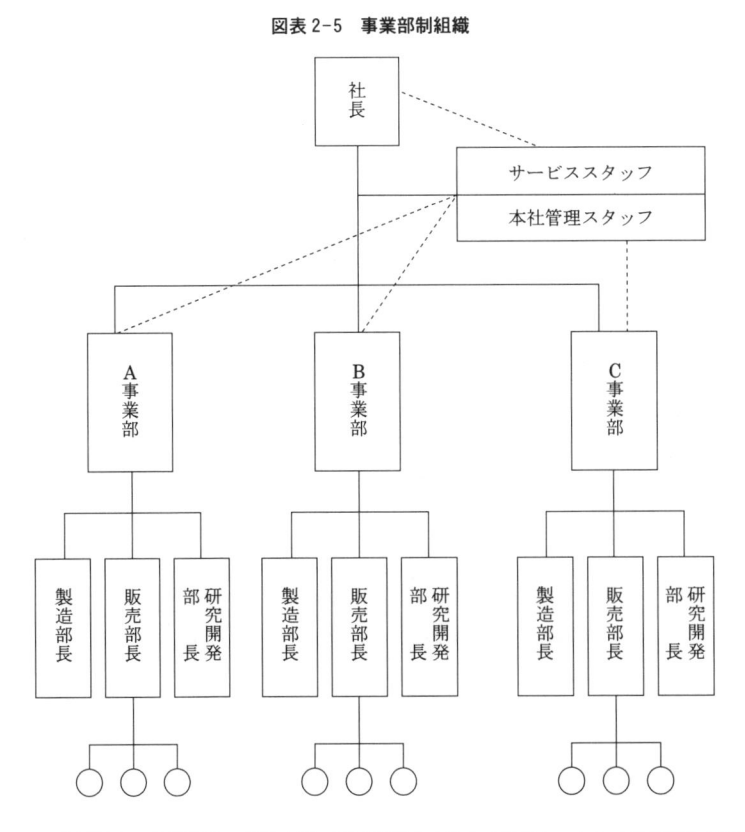

図表2-5　事業部制組織

```
                        社長
                         │
                ┌────────┼─────────────┐
                │    サービススタッフ
                │    本社管理スタッフ
        ┌───────┼──────────┐
        │                  │              │
      A事業部           B事業部         C事業部
        │                  │              │
   ┌────┼────┐      ┌────┼────┐   ┌────┼────┐
  製造 販売 研究開発  製造 販売 研究開発 製造 販売 研究開発
  部長 部長  部長    部長 部長  部長   部長 部長  部長
```

出所：片岡信之・齊藤毅憲・高橋由明・渡辺峻著『はじめて学ぶ人のための経営学』文眞堂，2001年，120頁に著者加筆。

限を与えられている。

②利益責任単位制（プロフィットセンター）

地域別，製品別という特性に関係なく各事業部は，利益をあげるのみでなく，その利益の計算・管理などしなければならないという一種の使命を帯びており，このため，各事業部は他の事業部や本社から独立した比較的大きな権限を与えられている代わりに，組織全体の利益の確保を確実なものとする責任を負わされてもいる。

③本社権限と事業部権限の明確な区別

事業部制組織では，本社トップ組織が全体的な経営戦略を策定し，各事業部はそれを実施するという形をとっていることもあって，本社と各事業部がそれぞれ持っている権限の区別が明確になっている。本社は各事業部に対して専門的な助言を行うスタッフの役割に徹するという意味では，先に述べたライン・アンド・スタッフ組織に近い性格を有する組織編成になっている。

また，事業部制組織における各事業部の長は，一定の権限を与えられると同時に利益確保の責任を課せられているという意味で，経営者として必要なキャリア・経験を蓄積することが可能である。このような，経営者の育成にもつながるというメリットもあって，事業部制組織は，時として自由裁量権を併せ持つ分権組織ともいわれている。[7]（図表2-5）

(6) **マトリックス組織**（Matrix Organization）

すでに述べた職能部門別組織は，専門的な知識・技術の活用ができ，かつ各資源を共有できるという効率性を持っている。一方，後述するプロジェクト組織は，市場現場の変化に対して，機動性を発揮して対応するという点で優れている。これら2つの組織の優位性を生かした組織編成が1960年代頃から航空機産業などの大規模企業で採用され始めたマトリックス組織である。図表2-6に示すように，この組織形態は職能別組織と

プロジェクト組織とをそれぞれ格子状に組み合わせたもので，職能別と目的別という2軸の支持・命令系統を持つ。

このためマトリックス組織には，現代の企業を取り巻く環境の変化に即応可能であると同時に効率性の追求にも効果的であること，人的情報資源

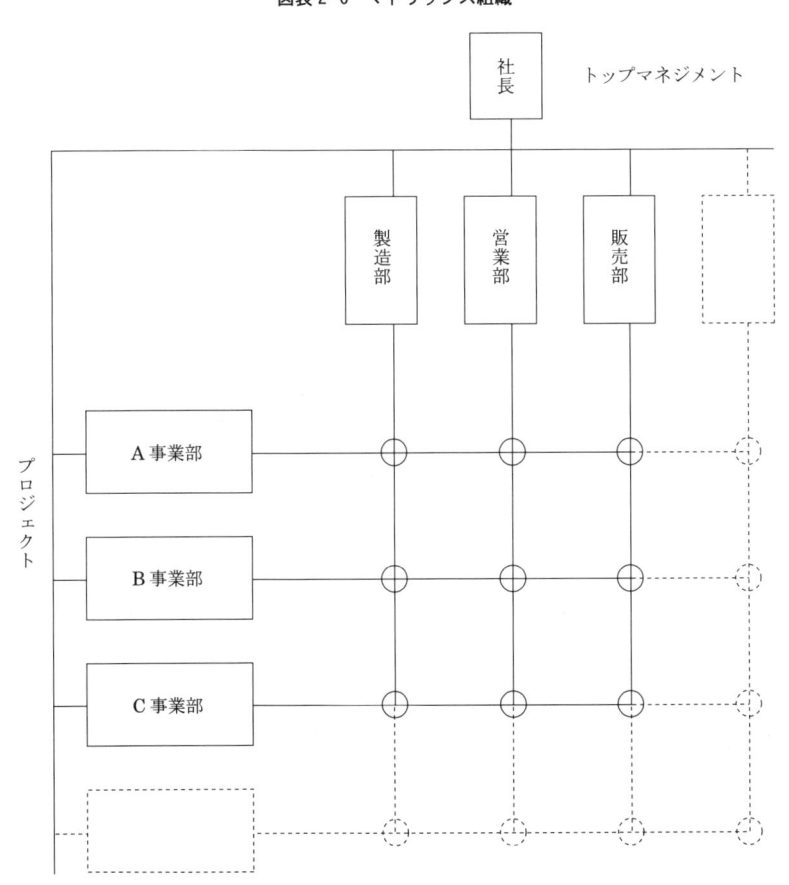

図表 2-6　マトリックス組織

```
                              社長            トップマネジメント
                               │
          ┌────────┬────────┬────────┬────────┐
          │        │        │        │        │
         製造部   営業部   販売部   ┆        ┆
          │        │        │        │
  ┌─A事業部─┼────────┼────────┼────────┼┄┄┄┄┄┄┄┄
  │        │        │        │        ┆
プ ┌─B事業部─┼────────┼────────┼────────┼┄┄┄┄┄┄┄┄
ロ │        │        │        │        ┆
ジ ┌─C事業部─┼────────┼────────┼────────┼┄┄┄┄┄┄┄┄
ェ │        │        │        │        ┆
ク ┆┄┄┄┄┄┄┄┼┄┄┄┄┄┄┄┼┄┄┄┄┄┄┄┼┄┄┄┄┄┄┄┼┄┄┄┄┄┄┄┄
ト
```

出所：藤芳誠一監修『新経営基本管理』泉文堂，2000年，91頁に著者加筆。

等の共有化が可能であること，専門的知識や経験の蓄積・活用が容易であるなどの長所がある。反面，短所としては，縦軸・横軸の（Two-Boss System）という2方向からの命令系統が交錯していることから，従来の命令一元化の原則（One-Boss System）が発揮されにくく，権限と責任の関係があいまいになりやすい。あるいは，職能別部門と事業部別部門の双方の管理者間にコンフリクトが生じやすく，意思決定のプロセスが複雑化し，迅速性に欠ける可能性があるなどの点が指摘されている。[8]（図表2-6）

(7) **戦略事業単位（Strategic Business Unit）**

戦略事業単位（Strategic Business Unit）は，1970年代にアメリカのGE（ジェネラル・エレクトリック）社が採用したのが最初とされている計画的管理手法であって，環境の変化に即応するため事業部を廃止して編成される場合と，既存の事業部を戦略の実行部隊として残し，戦略策定のためのSBUが事業部とは独立した形で設定される場合とがある。一般的には，製品開発や市場開発など長期的戦略の策定と短期的効率性の同時達成を目標として設定される。[9]

(8) **組織構造に関する現代的課題―環境の変化への対応**
①花王株式会社のケース

IT革命に代表されるようなめまぐるしい環境の変化に対応して，企業はゴーイング・コンサーンの原則に則して生き延びていかなくてはならない。従来どおりの組織の考え方，たとえば，経営とは与えられた環境条件のもとで，与えられた目的を効果的に達成するための合理的なツールであるとする考えから，周囲の環境の変化にいたずらに流されることなく，企業運営の社会的意義を確認しつつ，それらに合った組織の形成をし，目的達成のための主体的で没合理的な存在として捉えていかなくてはならな

い。

　この意味において，図表2-7および図表2-8に示すような，花王株式会社（以下，花王）におけるSBUを視野に置いた組織編成は，大いに参考となろう。つまり，花王の組織構造は18の事業部から構成される事業部制を基本としている。しかしながら，"情報の共有"を重視するという花王独自の組織における基本原則にしたがって，たとえば，図表2-7にあるように，花王社内でタテの「串」と表現される各事業部は，同じくヨコの「串」とされるサポート部門によって横断的に支援を受けられるよう体制が整えられている。また，図表2-8にもあるとおり，迅速かつ柔軟な意思決定が必要とされる場合には，各事業部にとって関連のある課題に対応して，必要に応じて横断的なプロジェクトチームが編成できるようになっている。[10]

図表2-7　花王の事業部横断的プロジェクト・チーム（1996年）

（マーケティング・サポート部門）
- 作成部門
- 媒体部門
- 調査部
- 商標部
- 販売促進
- サービスセンター

（家庭用品事業部門）
- パーソナルケア第三事業部
- パーソナルケア第二事業部
- パーソナルケア第一事業部
- サニタリーケア事業本部
- 第二家庭用品事業センター
- 第一家庭用品事業センター

- 事業戦略検討会
- MI検討会
- 人材活用委員会

事業部横断的プロジェクトチーム

原資料：花王株式会社
出所：野中郁次郎・竹内弘高著『知識創造企業』東洋経済新報社，1996年，261-262頁。

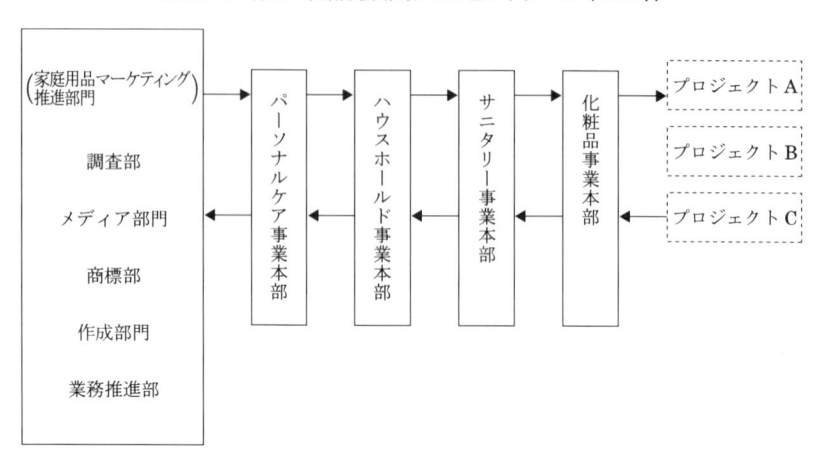

図表 2-8　花王の事業部横断的プロジェクトチーム（1999年）

```
┌─────────────────┐
│(家庭用品マーケティング)│→┌──────┐→┌──────┐→┌──────┐→┌──────┐  ┌ ─ ─ ─ ─ ─ ┐
│ 推進部門         │  │パ    │  │ハ    │  │サ    │  │化    │  │プロジェクトA│
│                  │  │ー ソ │  │ウ ス │  │ニ    │  │粧    │  └ ─ ─ ─ ─ ─ ┘
│  調査部          │  │ナ ル │  │ホ    │  │タ    │  │品    │  ┌ ─ ─ ─ ─ ─ ┐
│                  │  │ル ケ │  │ー    │  │リ    │  │事    │  │プロジェクトB│
│  メディア部門    │←─│ア 事 │←─│ル    │  │ー    │  │業    │  └ ─ ─ ─ ─ ─ ┘
│                  │  │業 本 │  │ド    │  │事    │  │本    │  ┌ ─ ─ ─ ─ ─ ┐
│  商標部          │  │部    │  │事    │  │業    │  │部    │←─│プロジェクトC│
│                  │  │      │  │業    │  │本    │  │      │  └ ─ ─ ─ ─ ─ ┘
│  作成部門        │  │      │  │本    │  │部    │  │      │
│                  │  │      │  │部    │  │      │  │      │
│  業務推進部      │  │      │  │      │  │      │  │      │
└─────────────────┘  └──────┘  └──────┘  └──────┘  └──────┘
```

注）プロジェクトチームでは，それぞれの事業部にとって横断的に関連のある事項，たとえばサプライチェーンマネジメント，IT活用による業務革新，環境問題などについて，必要に応じてチームを編成して検討する。
資料提供：花王株式会社。

　図表2-7（1996年）と図表2-8（1999年）を対比させてみると，環境の変化に対応して組織編成を行っている花王の全社的な企業努力がうかがえる。

②機械商社T社のケース

　T社はIT機器の発達にともない11ヶ所の支店と各事業部を同列にした組織構成になっている。T社もIT導入と同時に組織図を一元化し，情報収集の迅速性，効率性を計ろうとしたものである。

　図表2-9には，11ヶ所の支店は紙面の都合上1枠になっているが実際は1ヶ所ずつ各事業部と並列になっている。

第2章 経営・組織とビジネス 53

図表 2-9 一元化された事業部制組織図例（機械商社 T 社の組織図）

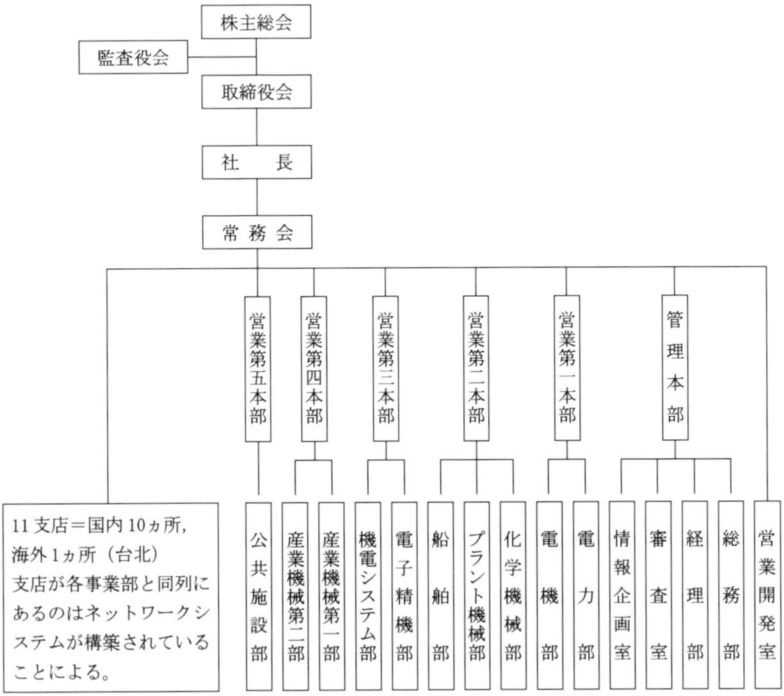

```
                    株主総会
        監査役会      │
                    取締役会
                      │
                    社　　長
                      │
                    常 務 会
    ┌────┬────┬────┬────┬────┬────┐
   営業  営業  営業  営業  営業  管理
   第五  第四  第三  第二  第一  本部
   本部  本部  本部  本部  本部
```

11支店＝国内10ヵ所、海外1ヵ所（台北）
支店が各事業部と同列にあるのはネットワークシステムが構築されていることによる。

営業第五本部：公共施設部
営業第四本部：産業機械第二部、産業機械第一部
営業第三本部：機電システム部、電子精機部
営業第二本部：船舶部、プラント機械部、化学機械部
営業第一本部：電機部、電力部
管理本部：情報企画室、審査室、経理部、総務部、営業開発室

【注・参考文献】
1) C.I.Barnard 著，山本安次郎・田杉競・飯野春樹訳『新訳　経営者の役割』，ダイヤモンド社，1989年，67，85頁。
2) 片岡信之・齊藤毅憲・高橋由明・渡辺峻著『はじめて学ぶ人のための経営学』文眞堂，2001年，113-115頁。
3) 片岡信之・齊藤毅憲・高橋由明・渡辺峻著，同書，115-116頁。
4) 片岡信之・齊藤毅憲・高橋由明・渡辺峻著，同書，116-117頁。
5) 片岡信之・齊藤毅憲・高橋由明・渡辺峻著，同書，117-118頁。
6) 藤芳誠一監修『新経営基本管理』泉文堂，2000年，87-88頁。
7) 片岡信之・齊藤毅憲・高橋由明・渡辺峻著，同書，120-121頁。
8) 藤芳誠一監修，前掲書，90-92頁。
9) 藤芳誠一監修，前掲書，95-96頁。
10) 野中郁次郎・竹内弘高著『知識創造企業』東洋経済新報社，1996年，259-262頁。

Eye（愛）・Contact

★石の上にも3年

　課業（task）の達成度に応じて報酬が支払われるというのは，テイラーが科学的管理法のなかではじめて導入した差別的出来高払賃金制の根幹を成す考え方であり，これは現在でも人事管理をはじめとする経営管理手法として広く取り扱われています。

　ただし，今日，私達が企業などの経営組織で行う業務というものは，テイラーが研究，実践の対象とした単能工による単純繰り返し作業ではなく，多岐にわたっていますから，当然，私達がこなさなければならない課業というものも，複雑に入り組んでおり，厳密に数えれば極めて多様なものになります。新入社員がある部署に配属されれば，その組織の一員として，達成しなければならない課業が多数存在することになるわけですから，仕事を覚えるということは，これらの多様性に富んだ課業の特性を逐一，理解していくことを意味します。このために必要な期間というものは人それぞれに個人差があるでしょうが，少なくとも一年以内に全てをマスターできるというわけにはいかないと思います。石の上にも3年とは，ものごとをなし遂げるためには辛抱が肝心という昔の人の教えですが，現代の企業組織においても，この戒めは十分に有効であるといえましょう。

第3章

産業・職業とビジネス

Ⅰ. 産業（Industry）の定義と分類

　産業とは，人間が豊かで，便利な日常生活が送れるように，財貨やサービスを生み出す活動の事で，農林水産業，鉄工業，商業などの総称，換言すれば，社会的分業の一部を担う経済活動のことをいう。一般的には産業すなわち工業というイメージが強いが，元来，産業という言葉は，イギリスに端を発した産業革命，つまり，1760年代イギリスの繊維生産工場から始まった蒸気機関を動力とする手工業生産から機械工業生産への転換・発展にともなう社会・経済上の大変革からきているとみてよい。さらに1830年代以降，この産業革命の波は欧米各国へと波及し，飛躍的な発展を遂げ，その結果として，大量生産工業制と資本主義経済の確立をみるわけであるが，およそこの頃から史実や文献のなかにも産業すなわち生産を営む仕事，さらに詳しくいうならば，生産財に対して人や設備・機械などのものの利用を通じて使用価値を創造し，あるいは量産し，付加価値を高めていく経済性を考えた活動という意味での言葉が認知されてきたのである。

(1) **産業の分類**

　日本も先進各国と同様に，産業構造の変化は著しく，第1次産業（農

林水産業）が急激に減少し，代わりに，第2次産業（鉱業・建設業・製造業），すなわち物的な財の産業を行う近代的産業の発展があり，それらが基幹産業となって，社会経済の発展に多大な貢献をしてきた。

　しかし，1973年のオイル・ショック以降，それまでの高度経済成長から安定経済成長への移行と時を同じくして，第2次産業は徐々に伸びの低下が見られるようになり，これにかわって第3次産業（卸売業・小売業・金融・保険業・不動産業・運輸・通信業・電気・ガス・水道・熱供給業・サービス業・公務）が台頭しはじめ，この中でも特にサービス産業が急激に発展増加を見るにいたった。このように，いずれの国においても，経済発展によって国民所得水準が高まると，労働力と産業構造の比重は，第1次産業から第2次産業，第3次産業へと移行していくという傾向がある。これをペティ＝クラークの法則（Petty-Clark's Law）という。[1]

(2) 今後の産業構造の変化

　IT化や国際化，高齢化や環境への関心の高まりなど，経営環境の急速な変化にともなって，21世紀を迎えた産業の構造は，どのような変化を遂げつつあるのであろうか。こうした今後の産業構造の変化に大きな影響を及ぼすであろうと考えられる各種の要因について，特に需要構造の変化と技術革新の2点について述べれば，およそ以下の通りであろう。[2]

　①需要構造の変化

　消費に関連して，高度成長期における本物志向・高級志向・個性的ライフスタイルなど，いわゆる"ぜいたく"志向は，長引く不景気状況では影をひそめ，1点豪華主義（過去の贅沢志向のなごり）とユニクロ的安価重視の傾向が顕著になってきている。また，高齢化・出生率の低下に関連して，住宅・公共施設の設計施工に際してのバリアフリー・デザインの重視，女性の社会進出の一助となるべき保育所など各種施設の整備，医療サービス，新薬開発などの分野での安全性重視の傾向などが，今後の

需要構造変化を消費面から予測する上で重要な要素といえる。企業経営合理化に関連する要素としては，省力化，ロボット化，高付加価値化（デザイン・ソフト），情報ネットワーク化，流通合理化（無店舗販売，通信販売，宅配サービス）などが指摘し得る。また，環境問題に関連する変化要因としては，大気中への二酸化炭素（Co^2）排出量，エネルギー資源の枯渇や代替エネルギー，資源の有効活用やリサイクルなどの要因が重要視されるにいたっており，これからの企業経営にとっては，これら環境への配慮が収益性を高めるために重要な意味を持つ時代になりつつある。

②技術革新

技術革新の分野での重要な変化については，情報技術，メカトロニクス（ロボットなど），光技術（光ファイバー，光ディスク・CD・LD 等），バイオテクノロジー（遺伝子組換え，クローン技術），宇宙産業，海洋開発などが指摘し得る。

II. 企業形態

上述のように産業構造は大きく変化しつづけているが，次に，産業の中で多くの人びとが所属し，実際に産業活動に従事している場であるところの企業の形態に触れることにする。

(1) **企業形態の種類**

企業の形態は出資者の種類・構成・出資方法で決まる。すなわち出資者が個人なのか，国家や地方公共団体であるのか，1人なのか複数なのかなどによってである。このように出資者あるいは企業の所有者の相違によって企業形態は，①私企業，②公企業，③公私合同企業，④個人企業，⑤集団企業，⑥少数集団企業，⑦多数集団企業の7種に分類することが可能で

あって，これを一般的に企業の経済的形態という。[3]

図表 3-1　企業形態の分類

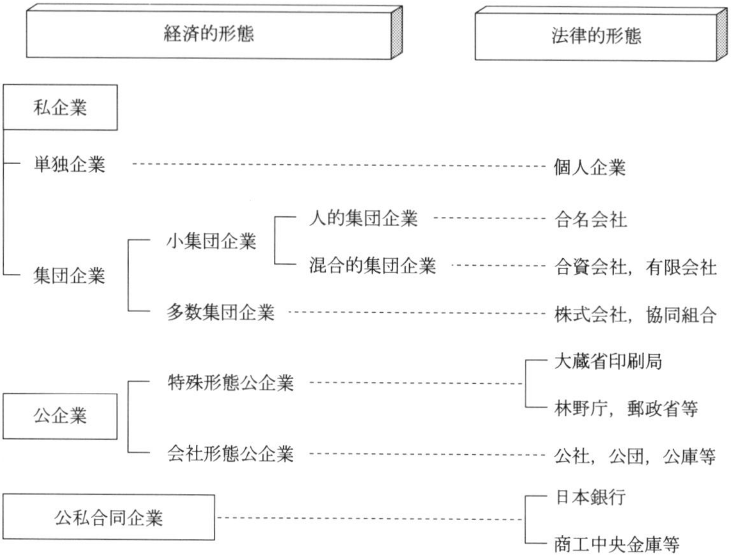

```
経済的形態                                    法律的形態

私企業
├ 単独企業 ················································ 個人企業
│
└ 集団企業 ┬ 小集団企業 ┬ 人的集団企業 ············ 合名会社
          │            └ 混合的集団企業 ········· 合資会社，有限会社
          └ 多数集団企業 ······························· 株式会社，協同組合

公企業 ┬ 特殊形態公企業 ┬ 大蔵省印刷局
       │                └ 林野庁，郵政省等
       └ 会社形態公企業 ····························· 公社，公団，公庫等

公私合同企業 ┬ 日本銀行
             └ 商工中央金庫等
```

出所：藤芳誠一著『経営基本管理』泉文堂，1993年，17頁。

①私企業

私企業（Private Enterprise）は，民間からの資本提供によって事業運営を行い，利潤追求を目的としているものである。また出資と同時に企業活動のトップリーダーとして指揮をとる企業家（Enterprise）あるいは出資者ではないが経営の専門家としての経営者（Manager）の指揮のもとに，効率的な生産活動，市場への適応や市場の開拓などを行い，人々が豊かな生活が出来るようにそのニーズにこたえるために，財やサービスの提供を行い，その結果として利潤を得，それがまた企業の発展につながっていくことになるのである。この場合，個人が全額出資し，自分で経営にあたるのが，個人企業である。さらに2人以上の出資者から資本を集め，そ

れぞれの出資者が経営者になる形のものを人的集団企業——合名会社という。そして企業規模の拡大にともない，より多くの資本を集めるようになると，出資者全員が経営者になるのは不可能になって，ここに「所有と経営の分離」状態が出現する。このような状態にある企業の形態を混合的集団企業——合資会社・有限会社という。

さらに企業規模が拡大し，数千，数万の人びとから資本を集めるにいたると，各出資者の責任を有限責任にすることはもちろん，証券（株式）の形にし，個人の少額資金をも集める事が可能になってくる。これを多数集団企業あるいは資本的集団企業，あるいは私企業を代表する企業形態である株式会社という。このように資本の収集方法を基準とする経済的形態の中で私企業に分類される企業は，さらにその企業の設立や運営に関わる法律上の規定に従って，個人企業から株式会社に至る5種類に分類することが可能であり，これらを経済的形態に対する法律的形態という。

② 公企業 (Public Enterprise)

公企業は，国または地方公共団体からの資本提供によって事業運営を行うもので，私企業が経済の担い手として，利潤の追求を目的としているため，当然，利潤が得られない分野に対しては私企業は手を出さないという現象がおきてくる。そこで非営利企業が取り残されている経済分野の運営を行うようになったのである。

このように公企業は社会全体の要請と利益を守るために，資本の全額を国家または地方公共団体がまかない，利潤の追求もすることなく，また運営に当たっては，費用充足の原則を指導原則としているものである。

③ 公私混合企業 (Mixed Undertaking)

これは，国営事業を私企業化しその運営を株式会社形態をとりながら，全額ないしそれ以上を国が出資すると言うものである。これは公的出資と私的出資との混合資本の運営になるが，支配権は国が持ち，事業方針や人事権など国が握ると言うものである。しかしこの形態の企業数はごく小数

になっている。

(2) 会社の種類

会社は社会の需要に応じて、製品やサービスを供給し、結果として利潤を追求する組織であるが、前述の法律的形態として分類すると、図表 3-2 のように、合名会社、合資会社、有限会社、株式会社の 4 種類があり、いずれも法律によって出資金、出資者の地位、責任が決められている。[4]

図表 3-2　4 つの会社の形態

	株式会社	有限会社	合資会社	合名会社
社員の地位	株数	持ち分	持ち分	持ち分
出資形式	財貨	財貨	財貨/信用	財貨/信用/労力
出資金	1000 万円以上	300 万円以上	各社員 1 円以上	1 円以上
社員の責任	有限責任	有限責任	無限責任と有限責任	無限責任
社員数	1 名以上	1 名以上 50 名まで	各 1 名以上	2 名以上
持ち分の譲渡	原則自由 譲渡の制限は可能	社員間は自由 それ以外は社員総会の承認	無限責任社員の承認	全社員の承認

出所：日本経済新聞社編『会社のしくみ』日本経済新聞社、1998 年、17 頁に著者加筆。

Ⅲ. 職業の意味とその分類

人は毎日の生活を維持していくために、収入を得なければならない。その収入を得る目的で継続的に従事している仕事を職業という。職業は、収入を得るための場によって、家業・生業（過去からの伝統的、あるいは特

殊的・専門的, 徒弟制度的な仕事) と呼ばれる場合もあるが, これも継続的に就業しているという点で職業として認知されている。

また, 職種という表現がよく用いられるが, これは通常, 事業体の属性としてのつとめの種類を指すものであって, 個人の属性から見た場合のそれとしての職業とは, 厳密には異なるものであるが, 多くの場合, 職種と同一の概念として用いられている。

(1) **職業の持つ意味**

以下には労働省の定義に従って, 職業並びにそれに関連する各種概念規定について簡単に説明する。[5]

① 職業とは, 職務の内容である仕事や課せられた責任を遂行するために要求される技能・知識・能力などの共通性または類似性によってまとめられた一群をいう。

② 職務とは, 一群の地位が, その主要な仕事と責任とに関して全く同一である場合, その地位をいう。

③ 地位とは, 1人の人に割り当てられた仕事と責任の全体をいう。

④ 仕事とは, 職業活動において特定の活動を果たすために払われる精神的, 身体的努力をいう。

(2) **職業の分類**

職業の分類については, 上述の職業の持つ意味と同様, 労働省の資料に基づいて, A専門的・技術的職業からI生産工程・労務の職業に至る大分類80種を, 図表3-3として掲げる。また, これら大分類をさらに細分化した中分類・小分類に相当する職種で, a. 一般事務職の職業, b. 営業・販売関連事務の職業, c. 事務用機器操作の職業という, 文科系4年生大学, 短大卒業生の就職と比較的関連の深い職業分類3種についても, 図表3-4で概説する。

図表 3-3　職業分類

A. **専門的・技術的職業**
- 01　科学研究者
- 02　農林水産業・食品技術者
- 03　機械・電気技術者
- 04　鉱工業技術者（機械・電気技術者を除く）
- 05　建築・土木・測量技術者
- 06　情報処理技術者
- 07　その他の技術者
- 08　医師，歯科医師，獣医師，薬剤師
- 09　保健婦（士），助産婦，看護婦（士）
- 10　医療技術者
- 11　その他の保健医療の職業
- 12　社会福祉専門の職業
- 13　法務の職業
- 14　経営専門の職業
- 15　教育の職業
- 16　宗教家
- 17　文芸家，記者，編集者
- 18　美術家，デザイナー，写真家
- 19　音楽家，舞台芸術家
- 20　その他の専門的職業

B. **管理的職業**
- 21　管理的公務員
- 22　会社・団体の役員
- 23　会社・団体の管理職員
- 24　その他の管理的職業

C. **事務的職業**
- 25　一般事務の職業
- 26　会計事務の職業
- 27　生産関連事務の職業
- 28　営業・販売関連事務の職業
- 29　外勤事務の職業
- 30　運輸・通信事務の職業
- 31　事務用機器操作の職業

D. **販売の職業**
- 32　商品販売の職業
- 33　販売類似の職業

E. **サービスの職業**
- 34　家庭生活支援サービスの職業
- 35　生活衛生サービスの職業
- 36　飲食物調理の職業
- 37　接客・給仕の職業
- 38　居住施設・ビル等の管理の職業
- 39　その他のサービスの職業

F. **保安の職業**
- 40　自衛官
- 41　司法警察官
- 42　その他の保安の職業

G. **農林漁業の職業**
- 43　農業の職業
- 44　林業の職業
- 45　漁業の職業

H. **運輸・通信の職業**
- 46　鉄道運転の職業
- 47　自動車運転の職業
- 48　船舶・航空機運転の職業
- 49　その他の運輸の職業
- 50　通信の職業

I. **生産工程労務の職業**

I-1　製造・制作の職業
- 51　金属材料製造の職業
- 52　化学製品製造の職業
- 53　窯業製品製造の職業
- 54　土石製品製造の職業
- 55　金属加工の職業
- 56　機械溶接・溶断の職業
- 57　一般機械器具組立・修理の職業
- 58　電気機械器具組立・修理の職業
- 59　輸送用機械器具組立・修理の職業
- 60　計量計測機器・光学機器器具組立・修理の職業
- 61　精穀・製粉，調味食品製造の職業
- 62　食料品製造の職業（精穀・製粉・調味食品製造の職業を除く）
- 63　飲料・たばこ製造の職業
- 64　紡織の職業
- 65　衣服・繊維製品製造の職業
- 66　木・竹・草・つる製品製造の職業
- 67　パルプ・紙・紙製品製造の職業
- 68　印刷・製本の職業
- 69　ゴム・プラスチック製品製造の職業
- 70　革・革製品製造の職業
- 71　装身具等身の回りの品製造の職業
- 72　その他の製造・制作の職業

I-2　定置機関・建設機械運転，電気作業の職業
- 73　定置機関・機械および建設機械運転の職業
- 74　電気作業者

I-3　採掘・建設・労務の職業
- 75　採掘の職業
- 76　建設躯体工事の職業
- 77　建設の職業（建設躯体工事の職業を除く）
- 78　土木の職業
- 79　運搬労務の職業
- 80　その他の労務の職業

出所：労働省職業安定局編『労働省編　職業分類』㈶雇用情報センター，2000 年に著者一部加筆，修正。

第3章 産業・職業とビジネス 63

図表3-4 事務的職業

　事務的職業とは，一般的な知識・経験に基づいて，人事・文書・企画・調査・会計などの業務，生産関連・営業販売・運輸・通信に関する事務，および事務用機器の操作に従事するものをいい集金などの外勤事務を含む。

---

(1) **一般事務の職業**

　人事・文書・広報・企画・調査・受付・秘書などの業務，および特定の型に限定されない事務に従事するものをいう。
①総務事務員
　人事・文書・広報・庶務・給与・厚生・労務などの業務に従事するものをいう。

総務事務員
　駅助役
　会社アナウンス係
　株式事務員
　管理事務員
　芸能マネージャー
　厚生事務員
　事務主任（学校）
　事務長（県立高校）
　庶務係事務員
　庶務事務員
　駅助役（鉄道駅）
　タレントマネージャー（プロダクション）
　鉄道助役
　図書館事務長
　バス助役
　ビジネスマネージャー
　ファイリング事務員
　ファイル係
　マネージャー
　（球団、芸能、レスリング、ボクシング）
文書受付整理事務員
　文書事務員
　文書審査主任
　翻訳係
広報係事務員
　アドバタイズ係員
　広報担当官
　社内報編集員（自社）
　渉外係
　渉外係長（地方公共団体）
　PR事務員

人事係事部員
　安全衛生係
　安全衛生事務員
　衛生指導事務員
　求人係事務員
　給与事務員
　教育係事務員
　勤怠記録係
　厚生係事務員
　採用訓練事務員
　人事管理事務員
　人事事務員
　人事専門職
　人事調査係
　任用事務員
　福利厚生事務員
　労務管理係
　労務事務員
　労務世話係
文書係事務員
　気送管係
　校正事務員
　資料保管事務員
　筆耕

②受付・案内事務員
受付・案内・応接などの業務に従事するものをいう。

受付・案内係事務員

案内係	フロント係（ホテル，旅館）
案内事務員	フロント係
カウンター事務員（ホテル）	ホテルフロント係
進物受付事務員	フロントレセプション
帳場事務員	予約係
帳場人	レセプショニスト（会社：受付係）
旅館帳場係	ロビーウーマン（銀行）
旅館帳場人	ロビーコンパニオン（銀行）
美容室受付係	ロビーセールス（銀行）

③秘書
議会議員，会社社長・重役など高度に専門的・管理的な職業に従事するものに対して内外との連絡，文書作成，日程調整などの日常的な業務を補助するものをいう。

秘書

会社社長秘書	市長秘書
会社役員秘書	セクレタリー
議員秘書	バイリンガルセクレタリー
クラーク・タイピスト（秘書）	秘書官

④一般事務員
特定の型に限定されない各種の事務、および補助事務作業に従事するものをいう。

一般事務員 / **事務補助員**

一般事務員	事務補助員
一般行政事務員	宛名書人
一般職公務員	オルミグ係（伝票管理）
給食事務員	カーデックス（カード整理員）
共済事務員	カード保管事務員
行政事務員（国）	会社メールボーイ
行政事務員（地方公共団体）	加除式法令差替人（事務補助員）
組合書記	クリッピング（新聞、雑誌切抜き）
社会福祉事務所事務員	事務所給仕
集計事務員（レース場）	出版物宛名貼り
出版係事務員	総務課事務補佐員
浄書事務員	ダイレクトメール宛名書き
浄書専門職	編集手伝
書記（労働組合）	法規差替係
神社社務員	補助事務員
図書館事務職員	メール係（会社）
内閣調査室員	臨時事務員
福祉事務所事務職員	

(2) 営業・販売関連事務の職業

商品・サービスの販売活動を支援し，契約に必要な事務手続き，信用調査，苦情処理などの業務に従事するものをいう。

①営業・販売事務
　商品の仕入れ，販売契約の作成，顧客の信用調査，事故の調査，苦情処理，販売後のサービスなどの業務に従事するものをいう。

仕入係事務員
　アシスタントバイヤー
　外注係
　外注係事務員
　外注事務員
　仕入係
　仕入係（内勤を主とするもの）
　仕入事務員
　仕入れ担当者
　資材仕入事務員
　商品仕入係（百貨店）
　デパート仕入係
　百貨店仕入係
　百貨店仕入事務員
　マーチャンダイザー

販売係事務員
　一般旅行業務主任取扱者（旅行者カウンター係）
　営業書記
　宴会係事務員
　買物相談員
　カウンター係
　カウンターセールス
　観光係事務員
　国内旅行業務取扱主任者
　自動車登録係員（自動車販売会社）
　受注事務員
　調停係（電力会社・料金算定係）
　電話加入窓口事務員
　販売促進専門担当官
　販売促進事務員
　プライスマーキング
　ブライダルコーディネーター
　予約販売人（ホテルの案内所）
　旅行会社カウンター係
　旅行相談員
　旅行相談係員
　信用調査係
　信用調査事務員
　ガス事務員
　調停係

貿易係事務員
　貿易事務員
　繊維輸出事務員
　通関業務係
　プロフォーマー（輸出入事務）
　貿易営業部員
　輸出通関事務員

金融・保険事務員
　オープンコルレス係
　外資専門職
　貸付保証係
　簡易保険契約事務員
　銀行業務事務員
　金融事務員
　国民健康保険事務員
　財形係（金融機関）
　船員保険駐在員
　損害契約事務員
　取引係（銀行）
　農業保険検査官
　保険契約事務員
　保険契約復活事務員
　保険契約申込受付事務員
　保険事務員（郵便局）
　保険証券係
　保険窓口事務員（郵便局）
　保険申込審査事務員
　貸付調査係事務員
　貸付審査係
　貸付調査係
　不動産査定係
　貸付融資係事務員
　貸付係
　貸付金承認係
　貸付事務員
　貸付テラー
　貸付窓口事務員
　貸付融資係
　銀行貸付係事務員
　サラリーマン金融受付事務員
　消費者金融係事務員
　融資係（信用金庫）

②その他の営業・販売関連事務の職業
　テレフォンアポインター
　通信販売受付事務員
　　電話受付係（通信販売業）
　　ロールオフィサー
　　証券係事務員
　　株式保管事務員
　　為替証券貴重事務員
　　為替証券発行事務員
　　証券係
　　証券事務員
　　ドキュメントクラーク（証券事務員）
　　ボールド係（証券業）
　　有価証券売買事務員
　　保険調査員
　　保険調査事務員
　　損害査定係事務員
　　支払係（保険会社等）
　　融資事務員（保険会社）
　　融資担当行員
　　損害査定係
　　損害査定係（保険会社関係以外）
　　保険金支払査定事務員
　　保険金支払係事務員
　　還付係
　　還付金算出事務員
　　還付金支払通知書発行事務員
　　保険金算出査定事務員
　　保険金算出事務員
　　保険金支払事務員
　他に分類されない営業・販売事務員
　　自動車保険事務員（自動車販売業）
　　営業事務官吏員
　　商社営業部員
　　商社マン

(3) 事務用機器操作の職業

　タイプライター・ワードプロセッサー・電子計算機などの事務用機械および速記などの業務に従事するものをいう。

①速記者，タイピスト，ワードプロセッサー操作員

　会議・座談会などにおける発言を速記または録音し，これを文書に整理記録するもの，タイプライターまたはワードプロセッサーにより文書を作成する作業に従事するものをいう。

　速記者
　　英文速記者
　　国会速記者
　　裁判所速記官
　　裁判所速記官補
　　ステノグラヒスト（速記者）
　　速記官
　　速記官（国会、裁判所）
　　速記監督
　　速記官補（国会）
　　速記記録員
　　速記者見習
　　速記見習
　タイピスト
　　オーディオタイピスト
　　カナタイピスト
　　クラークタイピスト
　　タイプ印書人
　　タイプ事務員
　　データタイピスト
　　電動タイプオペレータ
　　フレクソオペレーター
　　フレクソライターオペレーター
　　文字入力オペレーター
　和文タイピスト
　　邦文タイピスト
　欧文タイピスト
　　英文タイピスト
　　ステノタイピスト
　ワードプロセッサー操作員
　　ワードプロセッサー・タイピスト
　　ワープロオペレーター

コレポンタイピスト
清打タイピスト
速記タイピスト

②**キーパンチャー**
電子計算機へのデータ入力，記録内容の検査の作業に従事するものをいう。
キーパンチャー
 オペレーター（キーパンチャー） カードプレス工（キーパンチャー）
 カード穿孔員 紙テープ穿孔員
 カード穿孔機械操作員（キーパンチャー） キーパンチオペレーター
  データ・エントリー装置操作員
  データ・エントリー係員

③**電子計算機オペレーター**
電子計算機またはこれとオンラインで作動する機器の操作に従事するものをいう。
電子計算機オペレーター
 IR オペレータ コンピュータオペレーション員
 EDP オペレータ コンピュータオペレータ
 EDP 操作員 コンピュータ要員
 EDPS オペレータ 磁気ディスク操作員
 EDPS 操作員 磁気テープエンコーダ操作員
 EDPM 操作員 電子計算機操作員（オペレータ）
 オペレータ（電子計算機操作員） 電子計算事務員
 キーツディスクオペレータ パンチカードシステム操作員
 機械計算係員 PCS 操作員
 計算機操作事務員（電子計算機） ペンピュータ操作員

④**その他の事務用機器操作の職業**
その他の事務用機器操作の職業
 MICR 操作員（磁気インク文字読取装置） 光学式読取装置操作員
 OMR 操作員 コピー機操作員
 OMR オペレータ 照合機操作員
 オンラインオペレータ 製表機操作係員
 オンライン端末機操作員（銀行） ゼロックス印刷人
 カード検査係員 ゼロックス・オペレータ
 カード分類機操作員 穿孔翻訳機操作員
 会計機操作員 電話投票オペレータ（競馬場などの電話投票所）
 機械計算係員（卓上計算機） 翻訳印刷機操作員
 計算機操作事務員（卓上計算機） 預金端末機オペレータ
  事務機械オペレータ

出所：労働省職業安定局編『労働省編　職業分類』㈶雇用情報センター，2000 年に著者一部加筆，修正。

(3) 職業選択と人間観モデル

　職業に対する一般的考え方は，生計維持のために何らかの報酬を得ることを目的とする継続的な人間活動，あるいは一定の社会的分担もしくは社会的役割の継続的遂行とされているが，働く動機，職業の選択，職業意識などは，各人によってさまざまであると同時に大きく異なっている場合もある。これは，各人のおかれた社会環境や，経歴，家庭環境，教育環境，あるいは各人を取り巻く政治・経済・文化・宗教，さらには時代背景にも大きな影響を受ける。このことを踏まえて，以下に職業選択と人間観に関する諸仮説を，簡単に説明する。

　①組織心理学者シェインによる人間観モデル
　a．経済人モデル
　人間は何よりも経済的欲求あるいは利害を求めて行動するものである。したがって賃金・給料の高い条件の職業や職場を選ぼうとする。
　b．社会人モデル
　人間は何よりも社会的な集団の中で，仕事をすることによって社会的貢献による満足を得るという人間仮説であり，職業は社会のために必要不可欠なものであるから，そのために働く義務と責任があるとする。
　c．自己実現モデル
　職業を通じて，自己の価値観の実現や欲求充足をしたいとする人間観であるが，経済的に発展し，成熟した工業先進国においては，人びとの仕事に対する意識として，企業経営への参画や自己成長への欲求が強く，難易度の高い問題にも積極的・自主的に取り組んで解決を図りたいとする，人間の欲求の中でもかなり高度なランクに位置付けられる欲求とされているものである。
　以上3種の人間観モデルのうち，経済人モデルと社会人モデルは，個人を取り巻く外的条件，つまり，企業組織や社会環境などによって決定されるという意味で外的要因と呼ばれている。これに対し，第3の自己実現モ

デルは，個人の人生観や価値観，人間的成長欲求の程度など，個人そのものによって決定されるところから内的要因と呼ばれている。

②マーチ＝サイモンの人間観モデル

マーチ＝サイモンの人間観モデルは，人間行動的側面からの分類といえる。

　a．機械人的側面

　　自分で考えて仕事をすることや責任などを取ったりすることは面倒くさいとするタイプ。

　b．情緒人的側面

　　効率性や合理性よりも人間関係的情緒面を重視しているタイプ。

　c．意思決定人的側面

　　自主的に問題解決をおこなったり，参画意識の強いタイプ。

以上のように，シェイン，マーチ＝サイモンの人間観仮説のいずれもが，同様同種の3つの側面をあわせもっており，このことは，時代の移り変わりやそれにともなう価値観の変化，あるいは仕事そのものの性格の変化などによって，人びとの職業観，職業意識，職業選択の基準なども変化するということを意味している。このため，企業サイドでも，これらの諸要因の変化に対応して，組織の編成，職務の内容，職務の領域などを変更し，充実させていくようにする必要がある。

③マズローの人間欲求5段解説

心理学者マズロー（A.H.Maslow）の主張する人間の欲求5段階説も，職業選択に少なからぬ影響を与えている。マズローによれば，人間の欲求はa．生理的欲求，b．安全・安心の欲求，c．社会的欲求，d．自尊の欲求，e．自己実現の欲求という5段階に分類可能で，低次元の欲求から徐々により高次元の欲求の充足を求めて人間は行動する。

この5段階の欲求を職場で働く人々のそれに対応させてみると，職業選

択行動の場合，まず第1段階の生理的欲求については，日常の生活維持のためには，何より賃金，給料の獲得が第一であり，しかも少しでも高い賃金が望ましい。人間にとって，ある程度の経済的安定は生きていくうえでの基本的な欲求のひとつといえるからである。

職を得て賃金を得られるようになるという欲求が満たされると，この経済的基本部分が継続的に維持されるために，第2の欲求である安全・安心の欲求が出てくる。

そして雇用の安定や住居などの保全が確保できるようになると，第3の欲求である社会的欲求が生れる。これは，共通の目的達成のためのフォーマルな仲間やそれ以外の職場のインフォーマルな組織の中で形成される人間関係に関連して，自分が他のメンバーから愛情を持って接してもらいたいと強く願うようになることを意味している。

帰属意識への欲求が企業側の適切な施策やフォーマル，インフォーマルを問わず組織の中でリーダーシップを取っている人物の配慮によって満たされるようになると，自分が帰属する集団や組織およびそれらに関わっている人々から自己の能力や業績を認めてもらいたいという，第4の欲求，自尊の欲求が生れてくる。

そして，たとえば仕事の上で高い評価を受けたり，昇進・昇格といった処遇をされたことによって，こうした自尊の欲求が満たされた場合，第5の自己実現の欲求という最高レベルの欲求が出現する。これは具体的にいうと，重要な意思決定に参画したり，創造性や企画力を発揮した仕事をしたり，キャリア・アップや人間的成長をしたりというような欲求の実現を強く望むようになる状態をいう。

④ マグレガーの人間観

マグレガー（D. Magregor）は，X・Yという2つの側面から人間観を考察した。X理論は，a．普通の人間は生来仕事が嫌いで，できるだけ働きたくないと思っている。b．したがって，彼らを働かせるには，強制・

統制・命令・処罰をしなければならず，c．また経済的用件を重視し，賃金などに対しては，刺激的手法を取るようにしなければならない。d．そして，普通の人間は命令されるほうが好きで，自分から積極的に責任を取ることはないし，野心も持たず何より安心・安全の日常を望んでいる。という以上5項目から構成され，既に述べたマズローの欲求段階説に当てはめてみると，低次元の生理的欲求や安全の欲求に相当することがわかる。

　これに対してY理論は，a．人間は生れながらに働くことが好きで，仕事で心身を使うのは人間の本性であるとする。そして，b．人間は他からの脅迫や統制，命令などによって働くのではなく，自分自ら掲げた目的に向かって努力するものであり，c．この場合，自分の能力や技術が認められて高賃金，高報酬を得たとしても，彼らにとっての最大の報酬は自我の欲求や自己実現欲求を充足することにある。d．人間は責任感はもともと持っているものであり，e．問題解決のための能力，創造性はおおかたの人間がもっているものであるとしたうえで，f．現代の企業組織の大部分は，従業員の知的能力を十分に生かしていないとする，6項目からなっている。これら一連の人間観はマズローの欲求段解説に照らした場合，集団への帰属を希求する社会的欲求，自尊の欲求，自己実現の欲求という，順次，より高次元の欲求に相当することが明らかである。

　さらにマグレガーは，集団管理の手法として，X理論においては「階層原則（scalar principle）」，すなわち権限によって命令し，統制する原則の適用が，一方のY理論においては，自己実現の欲求などの充足や，共通の組織目的を達成するための啓発，キャリア・アップのための協力などに配慮した「統合原則（Principle of Integration）」に基づく手法の適用が適切であると述べている。

　以上のように人間の職業選択にはさまざまな要素が含まれており，研究者や管理者の人間観によってその管理手法も異なってくるが，基本的には相互理解と人間に対する深い愛情が重要な要素であることに変わりはない

といえよう。

図表 3-5　マズローの欲求段階説とマグレガーの人間観についての管理手法を中心とした比較

マズローの 欲求段解説	管理手法	マグレガーの人間観
5．自己実現の欲求	・知的満足 ・創造性開発管理	（Y理論－能動的） 人間は目標達成・自己実現の能力をもつ。 自主性重視の人間観
4．自我の欲求		
3．社会的欲求		
2．安全の欲求	・精神的満足 ・経済性重視管理	（X理論－受動的） 人間は生来仕事が嫌いである。 経済的・物理的安定重視の人間観
1．生理的欲求		

出所：A.H.Maslow 著，上田吉一訳『人間性の最高価値』誠信書房，1991 年と上記諸説を参考に著者作成。

【注・参考文献】

1）片岡信之編著『要説　経営学』文眞堂，1994 年，50-52 頁。
2）片岡信之編著，同書，52-54 頁に最近の経営環境の変化を踏まえて著者加筆。
3）藤芳誠一著『経営基本管理』泉文堂，1993 年，16-19 頁。
4）日本経済新聞社編『会社のしくみ』日本経済新聞社，1998 年，17 頁。
5）労働省職業安定局編『職業分類』（財）雇用情報センター，2000 年。

Eye（愛）・Contact

★フリーターは職業にあらず

　不況のため，就職活動も困難を極め，卒業後はやむなく『フリーター』で糊口をしのごうという学生諸氏も多く見られるようです。職種や職場，就業期間や時間帯を職を求める人が自由に決めるというニュアンスから，単なるアルバイトやパートタイマーとは別に，フリーターという言葉が生れてきたようですが，厳密に言うと，職業分類の中にフリーターという言葉はありません。経済学では，働く意思がありながら，つまり，職探しをしているのに職につけない人を非自発的失業者といい，働いたり，職を探そうという意思のない人を自発的失業者として区別しています。フリーターとは統計上は概ね自発的失業者に分類されることが多いようです。経済の先行きが不安で，雇用情勢にも新たな希望がもてないような状態がこの先も続くことを考慮すると，企業がアルバイトやパートタイマーによって労働力を確保するというやり方が，永遠に続くとも思えません。自助努力によって，安定した就業の場を確保する必要性は，今後もますます強まるでしょう。

第4章

職場生活とビジネス

Ⅰ. 企業組織と各種規程

　第3章で述べたように，職業の選択は，自由であり，働く動機や欲求も人それぞれの人生観，職業観などによって異なってくる。しかしながら職業選択の自由は同時に責任をもともなうから，われわれは，自らが所属する組織の中にあって，十分に与えられた職務の充実と成果をあげる責任を負うことになる。

　⑴　**職業選択の理由**
　それでは，人が職業を選択する際の理由あるいは条件としてはどのような要因が考えられるのであろうか。以下に示す図表4-1は「正社員として」初めて会社を選ぶ時に最も重視した条件を列挙したものであるが，これによると，「仕事の内容・職種」の割合が34.9%ともっとも多く，次いで，「自分の能力・技能が活かせる」15.2%，「通勤に便利」8.4%，「労働時間・休日・休暇の条件がよい」6.9%，「勤務地」6.7%，「会社の規模・知名度」6.1%，「賃金の条件がよい」5.8%，「会社の将来性がある」4.5%などとなっている。[1]

図表 4-1 「初めての会社」選択の理由 (1997)

選択理由	%
仕事の内容・職種	34.9
自分の能力・技能が活かせる	15.2
通勤に便利	8.4
労働時間・休日・休暇の条件がよい	6.9
勤務地	6.7
会社の規模・知名度	6.1
賃金の条件がよい	5.8
会社の将来性がある	4.5
転勤がない・勤務の地域が限定されている	2.2
社会的意義がある	1.7
実力主義の社会	1.1
福利厚生がよい	0.8
労働条件（賃金・労働時間・休日など）がよい	—
その他	4.5
不明	1.1
計	100.0

原典：労働省『若年者就業実態調査』1997年。
出所：片岡信之・齊藤毅憲・高橋由明・渡辺峻著『はじめて学ぶ人のための経営学』文眞堂，2001年，205頁。

(2) **組織図および業務分掌規程**

　各企業は経営資源のなかで最も重要なヒト（人材）に相当する人々が，自社を選択した理由，そこで働く動機や欲求に対応させて，彼らが十分に日常業務を理解し，成果があがるように各種規程の作成を行っている。以下に掲げる図表4-2および図表4-3は，総従業員数約3500人のあるメーカーのものであるが，これはきわめて一般的な組織図および業務分掌規程である。

　多くの場合，企業の主要な規程は，①経営規程，②組織規程，③管理規程，④人事規程などからなっているが，ここでは，組織規程の中にある組織図（図表4-2）と4つの部，（管理本部・営業本部・研究開発本部・生産本部）のうち管理本部に属する人事部門の業務分掌規程そして総則にある共通分担業務をあげておく。

図表 4-2　企業組織図の実例

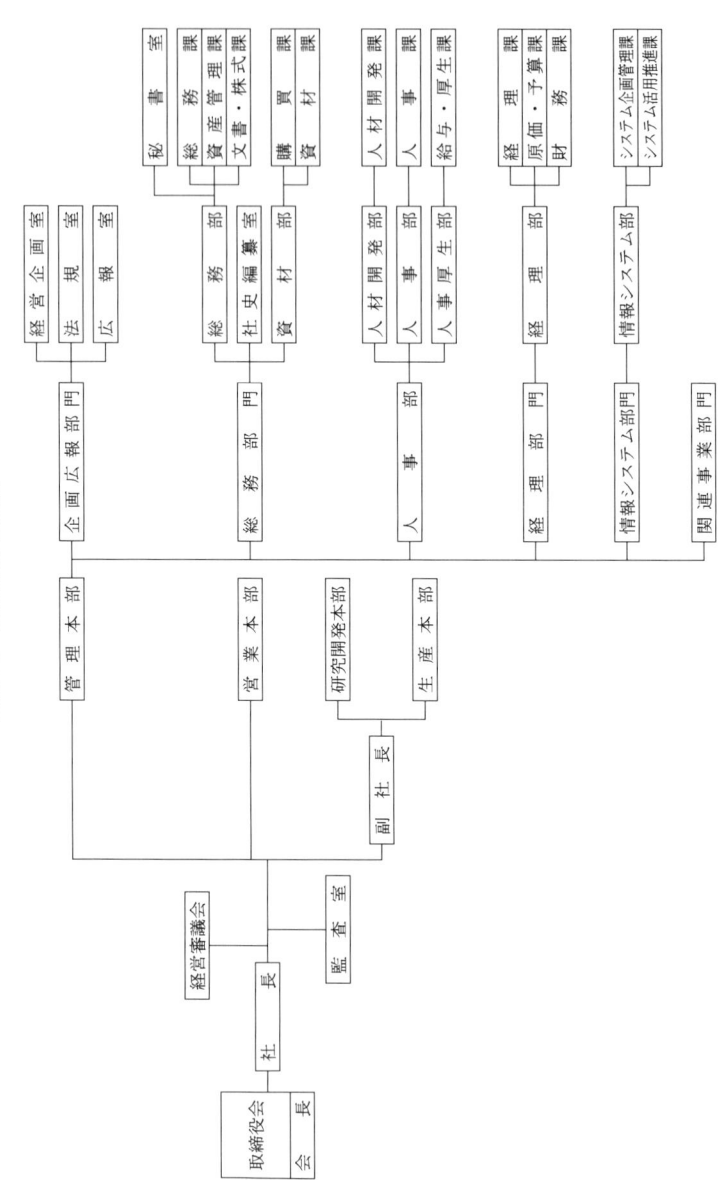

```
取締役会 ── 社長 ── 副社長 ─┬─ 管理本部 ─┬─ 経営企画部門 ─┬─ 経営企画室
会長        │              │            │                ├─ 法規室
経営審議会  │              │            │                └─ 広報室
監査室      │              │            │
            │              │            ├─ 企画広報部門 ─┬─ 秘書室
            │              │            │                └─ 総務部 ─┬─ 総務課
            │              │            │                            ├─ 資産管理課
            │              │            │                            └─ 文書・株式課
            │              │            ├─ 総務部門 ─┬─ 社史編纂室
            │              │            │            └─ 資材部 ─┬─ 購買課
            │              │            │                        └─ 資材課
            │              │            ├─ 人事部 ─┬─ 人材開発部 ─ 人材開発課
            │              │            │          ├─ 人事部 ─ 人事課
            │              │            │          └─ 人事厚生部 ─ 給与・厚生課
            │              │            ├─ 経理部門 ─ 経理部 ─┬─ 経理課
            │              │            │                      ├─ 原価・予算課
            │              │            │                      └─ 財務課
            │              │            ├─ 情報システム部門 ─ 情報システム部 ─┬─ システム企画管理課
            │              │            │                                      └─ システム活用推進課
            │              │            └─ 関連事業部門
            │              ├─ 営業本部
            │              ├─ 研究開発本部
            │              └─ 生産本部
```

図表 4-3　業務分掌規程の実例（抜粋）

第1篇　総　　則

Ⅰ．目　　的
　この規定は，各組織単位の主要業務を明らかにすることにより，当該組織単位の機能を明確にし，会社業務の円滑な遂行と合意的な運営を図り，もって経営目的を効果的に達成することを目的とする。

Ⅱ．運用上の解釈と心構え
　1．この規定の運用にあたっては，常に会社の終局目的を考え，いたずらに枝葉末節にこだわり，またはことさらに消極的に解するなどにより，業務の円滑な運営を阻害することがあってはならない。
　2．各組織単位は，分担する業務の遂行にあたり，常に有機的な業務活動が行われるよう心がけ，相互に関係ある業務については進んで協調しなければならない。
　3．各組織単位は，相互に連絡，呼応，協調し，この規定の目的とする事項を遵守するとともに良識をもって補い，業務活動の完遂を期さなければならない。
　4．各組織単位は，本規定に業務内容が明文化されていないことにより発生する弊害に際しては速やかに本規定主管部門の指示のもと，的確な指示を講じなければならない。

Ⅲ．共通分担業務
　各組織単位は，共通して次のとおり業務を分担する。
　　(1)所管業務の計画および予算業務。
　　(2)所管部門の人事管理。
　　(3)所管業務の経理管理。
　　(4)所管業務の文書管理。
　　(5)所管業務に係わる契約。
　　(6)所管業務の機密の保持。
　　(7)所管の固定資産・備品・諸資材等の整理，整頓，管理及び消耗品・事務用品等の在庫管理。
　　(8)所管区域の安全・衛生・防火。
　　(9)所管業務の改善及び能率増進。
　　(10)所管業務についての関係官公庁その他の諸機関への願・届・報告書等の提出及び連絡，折衝。
　　(11)業界関係業務の処理。
　　(12)所管業務に関連する法令及び一般情勢の調査，研究。
　　(13)所管業務の情報の収集，整理，分析，伝達及び管理。
　　(14)所管業務に関する社外調査回答案の作成。
　　(15)所管業務に関する関連部門との業務連絡，業務調整。
　　(16)所管業務に付随する庶務的業務。

第3章　人事部門

人事部門は，次の3部を包含する。
　人材開発部
　人事部
　人事厚生部

第1節　人事開発部
　人事開発部は，従業員の能力開発及び採用関係業務を分担し，次の1課をおく。

人事開発課
　人事開発課は，次のとおりの業務を分担する。
　(1)新入社員研修の立案及び実施。
　(2)階層別研修（中堅社員研修，課長研修，部署長研修等）の立案及び実施。
　(3)その他職能研修（国内・外）の立案及び統括。
　(4)通信教育等の立案及び実施
　(5)採用活動の立案及び実施
　(6)採用選考試験の実施。
　(7)その他従業員能力開発に関する事項の立案及び実施。
　(8)人材開発部の計画及び予算業務。

第2節　人事部
　人事部は，人事関連諸社則・諸制度管理，労務管理等の業務を分担し，次の1課をおく。

人事課
　人事課は，次のとおり業務を分担する。
　(1)人事関連諸社則，諸制度の立案及び管理。
　(2)人事異動（配置，昇進，昇格等）の立案及び実施。
　(3)人事考課の実施。
　(4)昇給，賞与等賃金に関する立案及び実施。
　(5)採用，異動，退職，解雇等の手続き。
　(6)人事記録の作成及び管理。
　(7)人事・労務関係統計資料の作成。
　(8)人事計画及び人件費予算の立案。
　(9)従業員との折衝及びその関連業務。
　(10)従業員の賞罰に関する手続き。
　(11)入社式の運営。

第3節　人事厚生部
　人事厚生部は，賃金計算，福利厚生，社友会関係等の業務を分担し，次の1課をおく。

給与・厚生課
　給与・厚生課は，次のとおり業務を分担する。
　(1)賃金，賞与，退職金，社会保険等の計算及び支払手続き。
　(2)出退勤状況管理。
　(3)人事関連証明書等の発行。
　(4)財形制度，団体保険等関連業務。
　(5)永年勤続表彰の手続き。
　(6)海外勤務者関連業務。
　(7)社宅，寮等福利厚生施設の利用及び運営に関する業務。
　(8)健康管理及び安全衛生管理業務。
　(9)健康保険組合関連業務。
　(10)社内慶弔，貸付金，保養所等の共済会関連業務。
　(11)人事厚生部の計画及び予算業務。

このように，人は生涯において一度も何らかの組織に属することなく終わることはない。保育園・幼稚園などからはじまって高等学校・大学へと至る学校という組織，長じては企業や役所などの組織に所属することになる。特に社会人になってから人びとが所属する組織というものは，その人間の人生やそこにおける喜び悲しみ，運命をも左右する。日常生活を維持する手段としての職業・職場による影響は計り知れないものがあるといえる。

(3) 企業が求める人材像

　雇用情勢がますます深刻化しつつある昨今，幸いにも職を得た人びととは企業が求める人材として備えるべき何らかの条件をクリアした人びとであるということができる。

　それでは企業の側では，人材を採用するに際してどのような基準を設けているのであろうか。たとえば図表4-4は，『2001年度・就職動向調査』にみる「採用時に最低限必要な能力」ならびに「新卒者に求められる基本的な資質」のデータである。これによると，まず，「採用時に最低限必要な能力」については，いずれも複数回答で「熱意」73.6％，「自己分析に基づいた志望業種への適正の把握」65.6％，「面接での自己プレゼンテーション能力」53.2％，「業界研究・自社研究」45.0％，「電話や訪問の際のマナー」40.6％などが多くの企業によって重要視されていることが明らかである。

　又，「新卒者に求められる基本的な資質」については，「意欲」が94.6％ともっとも割合が多く，ついで「自主性」70.0％，「協調性」63.8％，「適応力」57.2％，「創造的態度」48.9％の順になっている。

　このデータからも明らかなように，企業の求める人材とは，すなわち組織に属している人，一人ひとりの生き方に関する姿勢の問題であって，先行きの不透明な近年の経営環境にあっては，とも角いかなる環境におかれ

80　第Ⅰ部　基礎編

図表 4-4　新卒者に対して採用時に最低限必要な能力と求められる基本資質

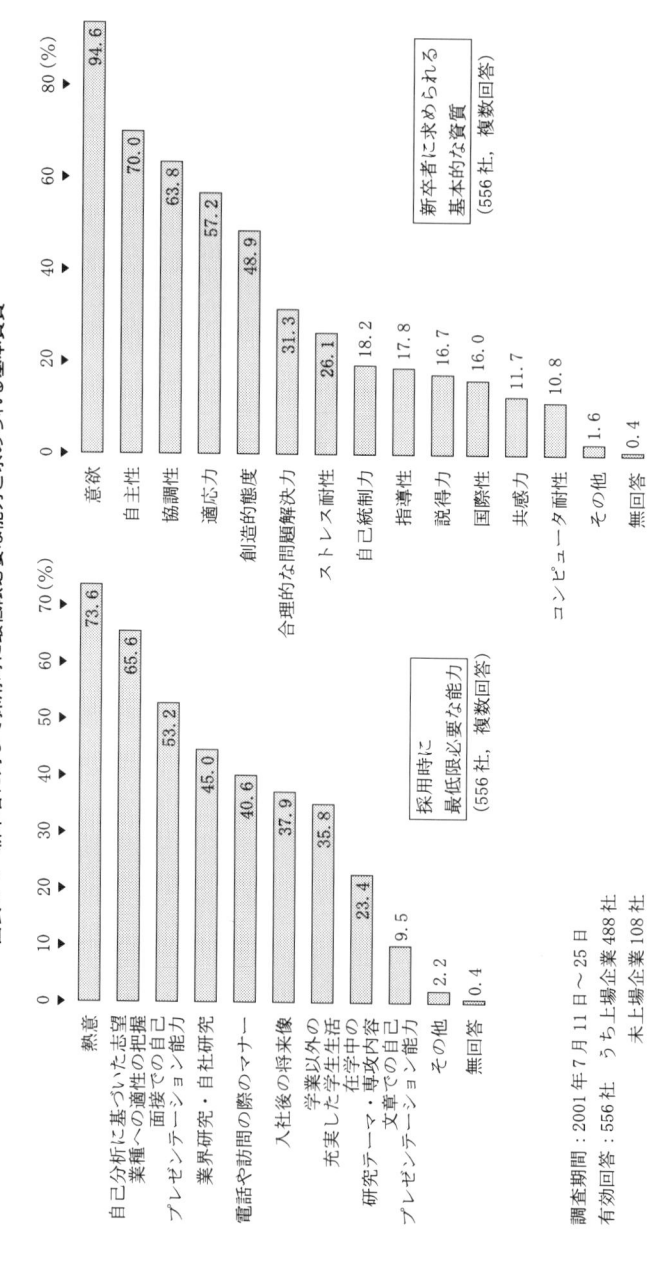

採用時に最低限必要な能力（556社、複数回答）

項目	%
熱意	73.6
自己分析に基づいた志望業種への適性の把握	65.6
プレゼンテーション能力・面接での自己	53.2
業界研究・自社研究	45.0
電話や訪問の際のマナー	40.6
入社後の将来像	37.9
学業以外の在学中の充実した学生生活	35.8
研究テーマ・専攻内容・文章での自己	23.4
プレゼンテーション能力	9.5
その他	2.2
無回答	0.4

新卒者に求められる基本的な資質（556社、複数回答）

項目	%
意欲	94.6
自主性	70.0
協調性	63.8
適応力	57.2
創造的能力	48.9
合理的な問題解決力	31.3
ストレス耐性	26.1
自己統制力	18.2
指導性	17.8
説得力	16.7
国際性	16.0
共感力	11.7
コンピュータ耐性	10.8
その他	1.6
無回答	0.4

調査期間：2001年7月11日～25日
有効回答：556社　うち上場企業488社
　　　　　　　　　未上場企業108社

出所：『2001年度・就職活動動向調査報告書』ベネッセグループ　株式会社進研アド・IPU Corporation。

ても"生き残ることの出来る力"を身につけなければならないということができる。

(4) 求められる自立した「個」の意識

　それでは，企業や組織で働く人びとの側から考えた場合，組織や職場にあって日々ビジネス活動を行っていく上で必要な資質，あるいは基本的な心構えについては，どのように考えればよいのであろうか。

　前述した P. ドラッカーはその著書『明日を支配するもの— 21 世紀のマネジメント革命—』のなかで…これからの時代は，「自らをマネジメントする時代」である…と主張する。つまり，自分の強みは何かとういうことを知ったうえで，仕事のしかた，価値観に関する認識が高くなれば，機会，職場，仕事において自ら果たすべき貢献，つまり組織が設定した目標を達成するのに必要ないくつかの貢献の手段の中から自分は何を選択すべきかが明らかになってくる。また，自分のキャリアは，自分以外の者が計画できるものではない。仕事に対するキャリアのみでなく，人生そのものの設計にしても 1 年先，2 年先などショートタームで，しかも実現可能な目標を立てるべきであって，現在はこれまでのライフプランの立て方と大きく異なる変革の時なのである，という主旨の提言をしている。

　また，滋賀大学大田肇教授は，著書『「個力」を活かせる組織』において，…21 世紀は「個」の時代であって，それは，第 1 に個人サイドからあるいは社会的な価値として「個人の尊重」が唱えられるようになったこと，第 2 に，企業や社会が発展を遂げるための条件として個人の重視が必要になるという以上 2 つの側面があるとしている。

　さらに 1999 年 7 月に経済審議会が発表した「新 10 ヵ年計画」では，自立した「個」を基盤とした経済社会が構築されるべきであるという提言もなされている。職場生活を例にとって考えてみると，自立した「個」を基盤とした経済社会のなかの職場とは，これまでのような単なる生活のため

の受動的な場ではなく，第1に，夢を実現する場であるということができる。つまり，金銭，地位，名声などの獲得の手段であって，自らが所属する組織の内外で認知されたり，承認を得たいという欲求，あるいは，それらを実現するための手段などが職場生活に求められていたわけであって，この場合には，組織の要求と個人の欲求が高い次元で達成可能となるようなシステムの構築がのぞまれた。「個」を重要視する新しい職場の概念の第2は，プロセスを楽しむということである。つまり，職場とは確かに夢の実現の場であるけれども，人間にとっての夢や希望というものは結果的に実現できただけでよいというのではなく，その実現にいたるプロセスが重要である。このようなプロセスの楽しさ，面白さを味わうためには個々人の自律性，あるいは，仕事に対する主体性の確立が重要である。新しい職場の概念の第3は，安定を確保することへの欲求の高まりであるが，これは，マズローのいう自尊・自己実現など高次元の欲求を満たすための前提条件であるところの安定・安全に対する欲求充足の上にこそ毎日の生活の充実があるという考え方によって説明することができる。つまり，これからの組織人にとっては，働くばかりでなく，個人生活の中での安息やプライベートな時間の確保，生活の質の充実が重要である。個人は会社の一員ではあるが，家庭やさまざまな社会のメンバーでもあり，それぞれの場で活動し，役割も果している。したがって，仕事とそれ以外の生活をいかに両立させるかが人生設計にもかかわる重要課題であるという。以上3つが「新10ヵ年計画」のなかで示された職場における新しい「個」のイメージと認識できる。[2]

(5) 現代のビジネス社会で成功する法

どのような社会環境のもとでも，一般にいうところの成功者として認められる人びとは数多く存在する。これらの人びとは，自分の置かれた立場や仕事のなかで持てる力を十分に発揮し，実績を上げる努力を惜しまな

かったことは勿論であろうが，彼らの成功の影には，その人間の持って生れたパーソナリティーも大いに影響を及ぼしていると考えることができよう。

　一般に，成功を収めた人の性格としては，自分に厳しいとか，打たれ強いというような指摘がなされることが多い。ここにいう打たれ強いひととは，よい意味での楽天主義（Optimism）と努力主義（Meritocracy）の特性をあわせもち，同時に他人の幸せを素直に喜ぶことができるという共通の特質を持っている。つまり，精神的に脆弱で幼稚なひとほど嫉妬深く，他人の不幸は蜜の味とでもいうような思考・行動パターンを取ることが多い。このような特性を排除するように心がけ，本当の意味で大人にならないと，ビジネス社会での成功はおぼつかないということになる。

　上述のような成功者の資質を踏まえて，現代のビジネス社会で成功するための条件を列挙すれば，以下7点になる

①体力…ビジネス社会に関してのみでなく，何をするのにも，まず，体力がないと成功はおぼつかない。継続は力なりという言葉がしめしているように，ひとつの目標を達成したならば，新たに次の目標を立てて，それを達成するための継続的な努力をしていく必要がある。これには体力が必要である。体力があれば，自信，判断力，人に対する思いやりや人に対する優しさなどが，自然と身についてくるものである。

②目標…人は目標が定まらないと努力することを怠り，怠惰な日々を過ごしやすくなる。"小人閑居して不善"をなすとはまさにこのことであろう。苛酷な経営環境に置かれている今日では，ビジネス活動のための目標は社会環境の急激な変化を踏まえて，以下に示す3つのスパン（Span）で立てるのが賢明であろう。すなわち，5年程度のショート・ターム（Short Term），15年から20年程度のミドル・ターム（Middle Term），生涯を通じての

ロング・ターム（Long Term）という3つのスパンである。

③人脈…一般的な解釈としては，政財界などで同系列に属する人同志のつながりをいうが，ビジネス社会における人脈とは単なる人と人とのつながりではなくて，互いに好意的な感情を持っている場合に生ずる人間関係のことを意味している。この意味において，人脈の根本にはマナーを身につけていることが絶対の条件となる。

④ITスキル…今日のビジネス社会は，第3の産業革命といわれるほどにパソコンに代表される情報機器があらゆる分野で活用されてきているため，パソコンなどを自由自在に使いこなす技術は，ビジネス活動を実践する人にとって不可欠な要素となりつつある。

⑤語学力…ビジネス活動のグローバル化が急速に進展してきた今日，特に世界の共通語になった英語は，もはやビジネスを成功させるために不可欠なスキルといえる。また可能ならば英語以外の語学にも堪能になって，母国語を含め3ヶ国語程度の言語を操れるようにしておきたいものである。

⑥趣味…人間が生きていく上で精神的なゆとりを持てるかどうかということは，ビジネス活動を実践する過程でも重要である。何かにつけ生ずるであろうストレスを解消し，同時に肉体的にも，精神的にもリフレッシュし，次の仕事に全力投球するためにも趣味をもつということは重要な要素である。このように趣味を持つことはビジネスの上でも活力のアップにつながるというわけである。

⑦Some Money…かつての名映画俳優C.チャップリンは人生の座標軸として，3人の友達すなわち勇気，洞察，Some Moneyをあげている。生きていく上で，ある程度のお金（Some Money）は

必要だというわけである。長い人生の間には，失業，病気，怪我など不測の事態が発生する。そのような場合に，とりあえず助けとなるものはお金であることが多い。ある程度のお金にも窮すれば，意に沿わぬ仕事をしなければならなかったり，最悪の場合は，犯罪などの悪事に荷担することになったりすることも考えられる。貧すれば鈍すの古語のとおり，ある程度のお金の用意がないばかりに人間性までもが支障をきたすような事態は避けなければならない，不幸にして不測の事態に見舞われたときに備えて，それを補い得るある程度のお金を用意しておく心がけが重要といえる。

　以上のような7つの条件を常に心がけてビジネス活動に従事していれば，ビジネスの社会でもよい仕事ができ，人びとからの信用を得て，好意や愛情に満ちた良好な人間関係を構築することが可能となる。度量の大きな人間として成長したいという欲求を抱きつつ，人びとや社会の役に立つ有能な人間になるよう努力を重ねていくことは，人間にとって最高の幸せであるといいえよう。

【注・参考文献】
1）片岡信之・齊藤毅憲・高橋由明・渡辺峻著『はじめて学ぶ人のための経営学』文眞堂，2001年，204-206頁。
2）太田肇著『「個力」を活かせる組織』日本経済新聞社，2000年，3-23頁。

Eye（愛）・Contact

★協働目的への貢献は非人格的行動

　組織のメンバーが，その所属する組織の掲げた協働目的に貢献するために活動することを，バーナードは非人格的であると表現しました。たとえば，自分の所属する営業課の今月の目標が，売上高前年同月比5％アップであったとすると，営業課員は，ひとたびその目標達成への貢献を決定したら，早く帰りたいとか，映画を見たいとか，恋人に会いたいとか，要するにその人が自らの本能や欲求にしたがって行いたいと思っていることを我慢して，残業や出張などにも精を出し，5％アップに協力しなければならないのです。このような組織の目標と個人の欲求とが矛盾するという，組織と人間の関係は，協働目的達成のために自らの欲求を放棄したことに対するそれなりの報酬があるという期待に支えられているといえます。生活の糧を得るという行為には，ある程度の苦痛と犠牲がともなうものであるということをよく理解しておきましょう。

第5章

コミュニケーションとビジネス

I. ビジネスコミュニケーション

1. コミュニケーションとは何か

　話し手と聞き手が,それぞれ自分の気持ちや意見などを,言葉やシンボル,サインなどの記号をもちいて,相手に意志伝達を図るプロセスであるというのが,コミュニケーション（Communication）についての一般的な解釈であるといえよう。つまり,話し手と聞き手が,自分の伝えたいメッセージを言語化して,多くの場合,「言葉」という「記号」を使って情報交換をすることである。また,そうして得た情報に基づいて相手の態度を変化させ,行動を起こさせることがコミュニケーションの目的でもある。

　ビジネスコミュニケーションは,いうまでもなくビジネス社会,つまり各企業内においてのコミュニケーションのことを意味しており,主として,上層部によって決定されたその企業の経営戦略・方針・目的などを企業組織内に周知徹底させ,それに基づいた行動を促すための重要なツールである。したがって,一般社会でのコミュニケーションとは解釈が若干異なっているといえる。つまり,ここにいう企業組織は,組織の構成員が共通の目的を達成するために協働する秩序ある集団であり,人と人がコミュニケーションを通じて仕事をしている集合体であるから,組織構成員同志

がお互いにコミュニケーションを良好なものにしておくことが業績の向上にもつながることになる。

2．非言語コミュニケーション

　非言語コミュニケーション（Nonverbal Communication）とは，マーシャル・マルクーハンによると，話言語ではなくシンボルやサインなどによる伝達手段をとおして人びとに伝えるメッセージのことであり，具体的には顔の表情やアイ・コンタクトなど言葉以外による表現方法のことである。[1]

(1) 顔の表情・観相学・ジェスチャー

　エックマンらによると，顔の表情解読システム（Facial Affect Coding System）の開発を通じて，顔を眉，額，目（正確には目とまぶた・ほほと鼻の下）という3つの領域に分類して捉えた場合，顔の表情が伝える感情の内容には，以下に示すような10種類の基本があるという。すなわち，幸福感，驚き，恐れ，悲しみ，怒り，嫌悪感，侮蔑感，興味，当惑，決意の10種類である。

　また，相手の表情を科学的に読み取る観相学を創始したスイスのラファーターは，人間を動物的，知性的，道徳的という3類型に分類したうえで，個人の性格を顔の外観から読み取ろうと試みている。

　これ以外の非言語コミュニケーション手段としては，ジェスチャー（Gestures），Vサイン，OKサイン，ウィンク，足の組み方などがあるが，それぞれの国の文化や習慣によって，これらの非言語コミュニケーション手段はわれわれの理解している内容と全く異なっている場合も多いので，異文化のものでのこれらの受け取られ方にも留意しておく必要がある。[2]

(2) サブリック記号

手で書いた絵や記号に始まって、交通信号のような信号機器、あるいはラジオ、テレビ、コンピュータなどのメディア機器に至るまで、人間による非言語コミュニケーションの手段・方法はさまざまである。

図表5-1のサブリック記号とは、その創始者である**F.B.ギルブレイス**（F.B.Gilbreth 1868~1924）が、テイラーの実践した時間研究（Time Study）をさらに発展させて開発した動作研究（Motion Study）の手法により、観測した動作を一連の記号として表にし、作業時間中の無駄や無理を発見し、能率の改善に役立てようとしたものであって、サブリックの名称はギルブレイスの姓を逆につづったところからきている。

このようにサブリック記号のそもそもの発生・創始のきっかけは、対人的な非言語コミュニケーションの手段と密接な係わりがあるわけではないけれども、事務作業の効率化を目的として開発され、今日までビジネス社

図表5-1 サブリッグ記号

分類	記号		名称	記号の説明	用例（机の上においてあるボールペンで字を書く）
I 作用動作	♯	A	assemble 組み合わせ	棒を組み合わせた形	ボールペンにキャップをかぶせる
	♯♯	DA	disassemble 分解する	組み合わせたものから1本はずした形	ボールペンのキャップをはずす
	∪	U	use 使う（変形）	UseのU	字を書いている動作
	◊	I	imspect 調べる	レンズの形	字の書き具合いを検査する
II 運搬動作	∪	TE	transport empty カラ動き	カラの皿を運ぶ	ボールペンに手をのばす
	∩	G	grasp つかむ	手でつかむ形	ボールペンをつかむ
	∪	TL	transport loaded 運ぶ	皿にモノをのせた形	ボールペンを持って運ぶ
	⌒	RL	release load 手放す	皿を逆にした形	ボールペンから手をはなす

III 補助動作	⌢◯⌣	SH	search 探す	目でモノを探す形	ボールペンのあり場所をさがす
	⌒◉⌣	F	find 見出す	目でモノを探し当てた形	ボールペンを見い出す
	→	ST	select 選ぶ	選んだモノを指示した形	数本のボールペンから適当なものを選ぶ
	ᓄ	P	position 位置をただす	品物が手の先にある形	字の書きやすいようにボールペンを持ちかえる
	∩ または ∀	H	hold 保持する	磁石にモノが吸いついている形	ボールペンをもったままいる
	∪	PP	Preposition 用意する	万力の形 玉突の棒を立てた形	次に使用するのにつごうよいようにしておく
IV 休止動作	ᒪ	R	rest for overcoming fatigue 休む	人がイスに腰掛けている形	疲れたので休む
	ᔦ	PN	plan 考える	頭に手を当てて考えている形	どのように書こうかと考える
	‿	UD	unavoidable delay 避けえぬオクレ	人がつまずいて倒れた人形	停電で字が書けなくなった
	⌣○	AD	avoidable delay 避けうるオクレ	人が寝ている形	よそ見して字を書くのをやめた

出所：高原真著『事務管理』一橋出版, 1984年, 140頁。

会で広く活用されてきていることから，非言語コミュニケーションの1手段として説明を加えた。

(3) **コミュニケーションズ**（Communications）

コミュニケーションズとは，人間同志の意思伝達に関して用いられる対人間コミュニケーションで情報伝達技術の発達にともない急速に普及してきたマス・コミや放送局などの各種メディア，あるいはコンピュータのデータ処理などの電子技術に関して使われている一連のコミュニケーション技術の総称をいう。

たとえば，NTTは1999年から情報・メディア分野において「コミュニケーションズ」と複数形を用いている。また，最近ではマルチメディア・

コミュニケーションズ（Multimedia Communications）に含まれるコミュニケーション技術の総称として，コンピュータ・コミュニケーションズ（Computer Communications）とテレ・コミュニケーションズ（Tele Communications）という使い分けがなされている。

普及の一途をたどるコンピュータを活用したインターネットは，まさにコンピュータ・コミュニケーションズを代表するものである。また，テレ・コミュニケーションズは，企業における"テレビ会議"などに使用されている技術で，たとえば，テレビ電話を使用した場合には，ハードウェアとしてのテレビ電話機とネットワークの基盤である回線，およびメッセージという3つの組み合わせが必要である。このような通信技術は今後一層の発展が予想されている。[3]

(4) **ホット・メディアとクール・メディア**（Hot Media vs.Cool Media）

コミュニケーション学者マーシャル・マクルハーンは，メディアはメッセージであるとして，これををホット・メディアとクール・メディアの2つに分類している。ここにいうホット・メディアとは，多数の人びとに対して単一の感覚を一挙に高い精細度，つまり，データや情報が充実している状態にまで拡張するメディアのことであり，写真，ラジオ，講演，映画，本などがその代表的な例である。これに対し，クール・メディアとは，単一の感覚をデータや情報量があまり含まれていない状態である低い精細度で感覚を拡張しないメディアを意味しており写真に対する漫画，ラジオに対する電話，講演に対するゼミナール，映画に対する白黒テレビ（当時の比喩），本に対する会話等がこれにあたる。[4]

(5) **日本の企業風土とインフォーマルコミュニケーション**

ビジネスコミュニケーションに関するスキルズの進歩発展は，ビジネス社会に多大な貢献をし，それぞれの企業もそれにともなってシステムの

大変革を余儀なくされている。情報機器や関連情報技術が急速に発達してきている今日，これらの変化への対応は，企業が生存競争に生き残るための必須要件となっている。しかしながら，日本の多くの企業にいまだに多く見受けられる"外柔内剛"の企業風土からは完全に脱出することは難しいであろう。つまり表象的にはグローバル化のような変化には対応できても，経営資源の一要素であるヒトの精神構造までは，なかなか変化させることは難しいということである。

かつて日本的経営とよばれていたわが国企業がもつ独自の経営慣行は，終身雇用制，年功序列，企業内組合，集団主義，生活共同体，経営家族主義，強い忠誠心（帰属意識），合意による意思決定，責任・権限の不明確性による免責などという言葉によって表現されていた。対人的なコミュニケーション技術についてもインフォーマルな方法が多く用いられており，たとえば世界的にも知られる"根回し"，"稟議制度"などのほかにも，"以心伝心"，"暗黙の了解"，"腹芸"，"あ・うんの呼吸"というような日本独特の，お互いに何となく理解し合える意思伝達の習慣がいまなお息づいているのが，日本のビジネス風土にはあるのである。端的にいうと，わが国の場合，一般の社会と同じようにビジネス社会においても義理・人情の世界が根強く残っているといえよう。

これら日本の企業風土に根ざしたインフォーマルなコミュニケーション技術のなかでも代表的なものとしては，"根回しと稟議制度"がある。根回しは，元々は造園用語からきており，植木などの植替えをする場合，大きく根もとの周囲を掘って無駄な根を取りさり，水と肥料を施して確実に根付くようにすることをいう。ビジネス社会では，会議やある目的の実現のために，事前に，説明をしたり，了解を取りつけたりしておくことを意味し，"和をもって尊し"とする日本の企業において自然発生的にとられている企業風土の特徴のひとつである。

また稟議は，稟議書という説明書を作成し，各関係者に回覧して承認の

印を貰い,これを全員参加での意思決定の証として時間をかけて,あえて会議を開くまでもない場合に使用するもので,根回しと異なるところは,文書として残るということである。

どちらのコミュニケーション技法も,職場の人間関係を良好に保ちながら効率よく組織の目標を達成するために,「和」の精神を基調にするという日本の企業風土の現れであるといえる。[5]

II. 異文化コミュニケーション (Intercultural Communication)

異文化コミュニケーションとは,札幌大学文学部御手洗昭治教授は,異なる文化的背景を有する人びとの間での情報およびメッセージなどの交換を目的とする文化的コミュニケーションのことである,としている。

異文化間コミュニケーションの研究は,今日のようなグローバル化の時代の到来と共にビジネスの世界におけるボーダーレス化が進行する過程で,あるいは,個人的にも企業という単位でみた場合の組織という意味においても,地域や国境を越えた情報交換や商取引が,1970年代以降,飛躍的に増大したことを受けて,注目されるようになった。この背景には,取引相手に対する文化面での理解不足などから,ビジネスの現場においてさまざまなトラブルや複雑な問題が多く発生してきたという事実がある。それだけに,それぞれの国が主体性を保ちつつ,他の国々の社会制度や組織,文化,言語,風土などに対する理解を深め,よりよい交流を図ることは,現在のビジネス社会において急務とされているのである。

しかし,異文化間コミュニケーションの研究は比較的新しい研究分野であるため,理論化および研究方法論などを専門に研究する研究者は数が少ないのが現状であり,また研究分野も学際的で多面性を持っているため,研究方法も多岐にわたってのコンテクスト研究をしなければならない。たとえば,その人間のパーソナリティなどについては,心理学・哲

学・生理学・言語学などからのアプローチを必要とするであろうし，またその行動や生活態度については，行動科学・社会心理学・文化人類学などが，またその国の社会の組織や経済的・文化的な研究のためには，経営学・社会学・教育学・統計学などからさまざまな方法論が導入されることになる。[6]

このように，異文化間コミュニケーションの研究には，さまざまな視点からのアプローチが必要であって，このことは同時に，"ビジネスコミュニケーション・スキルズ"とは経営学を中心に隣接科学・関連科学のあらゆる学問領域を学ぶことであるという本書のテーマにおける主張を，裏づけるものであるということができる。

1．異文化理解とコミュニケーション―「文化（Culture）」とは何か

文化とは，一般的には「教養」「継承」「遺産」の意から転じて，「習慣」「伝統」「風俗」など徐々に世の中が開けて人びとがそれぞれの理想を実現していく過程での精神の活動，あるいは技術を通して自然を人間の生活目的に役立ててゆく過程で形作られた「生活様式」および「それに関する表現」である，というように認識されている。

しかしながら，異文化間コミュニケーションを専門に研究する多くの識者の見解では，「文化」とは「人間の行動パターンや思考パターンであり，歴史的・地理的・民族的・心理的・言語的に定められ無意識のうちに人間集団によって共有される規範・習慣・くせのこと」，あるいは，「人間の行動や思考パターンをガイドしたり，コントロールしたりする要因であり，その背後には文化の価値や信条が内蔵されている」などの定義もある。さらに今日では，グローバリゼーションの傾向にともなって，それぞれの国が主体性（独自性）を保ちながら，しかもその地域に根差した固有なものを「カルチャー・バウンド」（Culture-Bound）と呼び，文化に束縛されない普遍性のあるものに対しては，カルチャー・フリー（Culture-

Free) という概念規定もなされている。[7]

2. 急務な日本における異文化研究

　コミュニケーションの場において，相手との親交がうまくできない理由の第1は言語，第2が非言語表現であり，これらの背景には異なった国の，異なった文化の中で育ち，それぞれのその国の独自的な「ものの考え方・行動のしかた」のギャップがあると考えられている。

　サラキュースによると，ある文化圏の人間は，たとえば商取引に関する交渉などの場合，いわゆる演繹的な方法，すなわち一般的に組み立てた理論によって，特殊な課題を説明するという方法を試みる。これに対して，帰納的な方法をとる文化圏もある。これはつまり，ある特定の項目に対して，個々の具体的な事柄から説明し，徐々に全体への合意につなげていこうとするものである。

　さらに文化の違いは，商取引にかかわる交渉などの例をみても，内容が大いに異なってくる。たとえば米国の交渉者は，一般的にいって，個人主義に基づく価値判断基準と資本主義の原理に根ざしたそれの双方をもっている。これはアメリカという国において，人びとの意識の中に，個人の権利や私的損益の優位性，収益重視に対する強い信念があるからで，その他の国々では，個人か集団かという課題に関しては，集団の権利が個人の権利より優先し，このために公共投資も個人の投資より利益の配分などの面で優位性をもっているとされるケースが多く見られる。

　また，交渉（話し合い）ひとつをとってみても，米国人が，交渉そのものを提案のくり返しによる競争的プロセスと捉えているのに対して，日本人は，情報を共有するための機会あるいは，相互利益に導くためのシナジー効果をもたらし得るものとして重要視している，という相違がある。[8]

　さらに米国の文化は，世界中で最も形式ばらない開けっぴろげな文化

であり，実際にのびのびと人間関係も肩ひじ張らずにつくれる。肩書きも気にすることなく，親しげに名前の名で呼び合うなどがこのことの証左である。しかしながらフランス，独逸，英国などの西欧諸国の国々の文化はこれとは対照的であって，これらの国では，相手に呼びかける場合に，…氏，…博士，…教授，…議員などの称号を使わないのは，相手を侮辱することにもつながりかねない非礼なこととされているのである。非礼・失礼という点では，日本の場合でも，名刺1つを例にとって見ても，その差出し方や忘れて持ち合わせがないことなども失礼なことと受け止められる。

以上のように，異なった文化や言語をもつ人びと同士のコミュニケーションは，それぞれの言語や文化と密接に関連しており，それだけに，言語や非言語表現を通じてのさまざまな形態のコミュニケーションは，それらを用いる人びとの考え方や判断あるいは組織における意思決定などに多大な影響を与えているのである。

3．ソフトコミュニケーション・スタイル

日本人は，外国人とコミュニケーションを交わす場合に独特なスタイルを持っているとされている。つまり，あくまでもストレートな表現を避け，事態を常に静観し，相手との距離を保って，強要したりされたり，感情を傷つけたり傷つけられることを避けようとするなどという種々の指摘が，これに当たる。このため，ビジネスの現場においても，諸外国の人びとから，こちらの考えや誠意・熱意が正確に伝わらず，とんでもない誤解や不信をまねく結果となる場合も多くみられる。

このような残念な事例は，推察するに，前述した「沈黙は金」・「暗黙の了解」・「以心伝心」とでも表現すべき日本古来からの美徳をビジネスの現場においても重視するあまり，直接的に自己主張をすることは，取引相手にとって失礼に当たると同時に品のないことであるとの意識がわが国のビ

ジネス社会に根強く残っていることを示すものといえる。

　つまり，日本人の国民性の一端として，積極的なコミュニケーションの形式をある意味で避けるかのような印象を，諸外国からの取引相手に与えかねない特性が，わが国のビジネス社会には潜在しているということになる。このことは，グローバル化の傾向が著しい今日，若年層に広がっているといわれるいわゆるソフトコミュニケーション化の現象とあいまって，わが国ビジネス社会における解決すべき重要な課題のひとつであろう。わが国若年層のソフトコミュニケーション化は，日本の社会，学校教育，家庭教育の流れを反映しているとする識者もいるが，図表5-2に示すように，教育の現場においてもこの傾向は顕著である。実際に大学1年生400人に対して，「イエス・ノーをはっきり言わない」，「合理性や論理性をさほど重視しない」，「積極的にコミュニケーションをとるほうではない」など10項目にわたる質問からなるチェックリストを提示し，質問に当てはまるものには「はい」，あてはまらないものには「いいえ」にチェックをするように指示したところ，チェックした項目の数が7から10にのぼる「顕著な傾向がある」という結果を見た学生は全体の60％に達しており，特に男子学生の70％にはその傾向があって，本人もコミュニケーション形成が苦手であるということについて悩んでいるという報告がなされているのである。[9]

　異文化間コミュニケーションの今後のビジネス社会における一層の重要性を考えるとき，こうしたソフトコミュニケーション化の傾向は，コミュニケーションの問題だけではなく，人間性に対する諸外国の交渉相手の不信感を増大させるばかりでなく，ひいては日本人，日本国そのものに対する評価を低くする可能性を有しているということを十分心にとめておくべきである。

図表 5-2　あなたのソフト・コミュニケーション度チェック

〈下記の質問のうち，あてはまるものは「はい」，あてはまらないものは「いいえ」に○をつけてください〉

ビジネス

1.	会議の場で反対意見をいわれたら，反論をしない。	はい	いいえ
2.	職場でのプライベートなつき合いはできるだけ避ける。	はい	いいえ
3.	気の合ったメンバーとしか話をしない。	はい	いいえ
4.	上司，先輩と積極的にかかわらない。	はい	いいえ
5.	自分の持っている情報をオープンにしない。	はい	いいえ
6.	誤っている人がいれば注意する。	はい	いいえ
7.	私の話し声は小さいとよくいわれる。	はい	いいえ
8.	説得することは不得手である。	はい	いいえ
9.	自説を主張することはあまりない。	はい	いいえ
10.	多人数の中での話し合いは苦手である。	はい	いいえ

プライベート

1.	私はあまり議論をしない。	はい	いいえ
2.	友達でも何でもすべて話すわけではない。	はい	いいえ
3.	どうせいっても無駄だとあきらめることが多い。	はい	いいえ
4.	迷惑をかけている人がいても見て見ない振りをする。	はい	いいえ
5.	私の話は語尾がだんだん小さくなる。	はい	いいえ
6.	家では自室にこもることが多い。	はい	いいえ
7.	私は初対面の人と話をすることがとても苦手である。	はい	いいえ
8.	自分から人に話しかけることは少ない。	はい	いいえ
9.	他人の話を聞いて感動することが少ない。	はい	いいえ
10.	のっていないとよくいわれる。	はい	いいえ

▼

◎ビジネス，プライベートを別々に集計して「はい」の数を数えます。

| 0～3：問題がない | 4～6：傾向がある | 7～10：顕著な傾向がある |

出所：安田正・山添均著『ビジネスコミュニケーションの技術』株式会社ジャパンタイムズ，1999年，17頁。

4．日本型対人コミュニケーション

　元来，日本人は喜怒哀楽を顔や表情に出さない場合が多い。これは，哲学者　和辻哲郎の著書『風土』にもあるように，南北に細長いわが国の地形からきているとされている。つまり，四方を海に囲まれた島国である日本は，東南アジアに吹く季節風，モンスーン（Monsoon）に中国方面から襲われる一方で，夏の終わりから秋にかけて，南洋上に発生した熱帯低気圧が台風となって風，豪雨をともないかなり高い頻度で来襲する。このような独特な気候をひとつの依拠として，和辻は日本人の性格をモンスーン的性格と名づけ，さらに二律背反的な特徴として1つをわが国の文学作品にしばしば表現されるところの"しめやかなる激情"と，2つ目を武士道精神にその典型を見出すことのできる"恬淡たる戦闘心"という互いに異なるふたつの側面を同時に併せ持っているとした。したがって，このような風土によって培われてきたわが国文化の表現にも，能の世界における静的なものがある反面，歌舞伎に代表される動的なものが，互いに矛盾することも反発し合うことなく，ごく自然にひとつの文化の中に並立しているのである。日本の風土から類推して日本人が表情に乏しいとする説が全てにあてはまるとは思えないが，二律背反的な選択肢をもよしとすることが多々あるわが国ビジネス社会に対して諸外国からは理解しがたいような事例，あるいはトラブル発生の一要因として，和辻の風土説は納得させられる点が多い。

　異文化間の対人コミュニケーションを効率のよいものにするためには，相手の非言語メッセージをその表情や態度から読み取って，相互理解のためにそれらのメッセージを積極的に受信し，また発信することが重要である。このことについてD．ウォルトンは，「本当に関心が強ければ，こちらの熱意と誠意はビールの泡のように自然に表面に出てくる。しかし，控え目な性格の人は，精出して発泡するように心がけなければならない。」と述べている。日本人はもっと良い意味での自己主張をすべきである。[10]

現代のようなグローバル化傾向にあるビジネス社会で生き残ろうとするなら，心の動き，相手への好意的感情など素直に態度や表情に出す努力を惜しまないことが重要であろう。

5. 異文化における慣習・マナー

それでは，ビジネス活動における交渉相手となり得る諸外国の習慣やマナーについては，どのような認識をすればよいのであろうか。世界中に多々ある異文化における習慣・マナーについて，そのごく一部を示せば，およそ以下のようである。

たとえば，ドイツでは日曜日に引越しをしていると，警察に通報される場合もある。

ユダヤ教徒の人びとは，牛肉と牛乳とをひとつの鍋で煮た料理は決して食べない。

欧米では，挨拶をする時には必ず相手の目をみる。また，通路などで他人とすれ違うときも，目をそらさず，軽く会釈をする。

アジア，アフリカの一部の民族には，目上の人の目を見るのは失礼であるという習慣もある。

握手をする場合でも，欧米ではしっかりと握って上下に2，3回振るが，アジアの人びとは握手は軽くするのが一般的である。

足を組むのは中東や東南アジアでは不遜な行為と受け取られるし，特にイスラム社会では，足の裏を見せることは非常に失礼になる。

中東や東南アジア，インドでは，子供の頭をなでることをはじめ，人の頭に触れることは絶対にタブーである。

指で作るOKサインは，地中海沿岸，中東，南米の一部や北欧，ロシアでは，下品な意味合いを持つし，ギリシャでは同性愛のサインになる。

ヒンドゥー教徒の人びとにとって，牛は神聖な動物であるから，牛肉は食べないし，牛革製品も使用しない。イスラム教徒の人びとにとって，豚

は食肉にせよ皮革製品にせよ別の意味で特別な配慮を必要とする。

　日本をはじめ，朝鮮半島，中国江南地方，インドシナ半島の一部では住居の中では靴を履かない。しかし，欧米や中国では人前で靴を脱ぐのはタブーであって，フランスでは新婦の靴紐をほどくのは新郎の義務であるし，韓国では脱いだ靴をなおすのは，早く帰りたいという意思表示に受け取られる。

　日本では食べ残しは行儀が悪いとされているが，韓国や中国では出された料理を全て食べると，足りないという意思表示に受け取られる。少し食べ残しがあると，あまるほどもてなしたことになる。インドネシア，タイ，香港，アラブ諸国でも食べ残すのがマナーとされている。

　日本では沈黙は金とされているが，フランスでは沈黙は合意という諺がある。

　手招きで，欧米や中東では手のひらを上に向けて指を動かすが，日本，地中海沿岸では下に向ける。

　欧米では，婦人が人前で化粧を直したり髪を触ったりするのは，娼婦のしぐさと受け取られる。

　イスラム圏では，衛生上の配慮から，左手を決して使わない場合がある。

　以上，ごく一部をあげただけでも，多様な異文化の習慣やマナーには，それに従って生活をしている人びとにとって重要なものが多く存在することが明らかである。グローバル社会に活動するビジネスマンは，これらの重要性を十分に認識し，また，尊重することによって，円滑なコミュニケーションを形成していくことに努力しなければならない。[11]

6．ハイコンテクスト（High Context）社会とローコンテクスト（Low Context）社会

　コンテクスト（Context）とは，人びとがコミュニケーションをとる上

での関係やつながり，状況，背景，前後関係などの意味である。コンテクストのひとつのタイプは，思考パターン，価値観，習慣が濃密に共有化，認識化されており，意思の疎通もスピーディで効率的に実施可能で，したがって必ずしも言葉によって明言をしなくともそれ以外の方法で相手はこちらの考えていることや希望していることなどを察することができるというものである。このような状態でコミュニケーションがとられる社会はハイコンテクスト社会とよばれ，そこでは一般に，情報の整理の仕方や話し方などにかかわるスタンダード，いわゆる"きまり"を整備する必要性，あるいはそれらの重要性に対する認識が欠けることになり，言葉は単に情報伝達のツールの一部分となってしまっている。日本の場合，このタイプがコミュニケーションの大半を占めているとされており，ビジネス社会で特に異文化間コミュニケーションをとろうとするのに際してトラブルの原因になっている。

　米国などの多民族国では，思考パターン，価値観，習慣などに共有される部分が少ないので相互理解のための手段は重要視されている。したがって，ビジネス社会においても，当然，組織構成員全員に行きわたる情報整理や情報伝達に係わる方法のスタンダード化が必要になってくるのであって，このような形態のコミュニケーションが主流となる社会は，ローコンテクスト社会と呼ばれている。つまり，このような社会では，言葉に限らずその他種々の情報をも正確に伝えようとする手段や技法が発達し，普及している。

　たとえば，商取引の際に，欧米では必ず契約書を取り交わし，しかもその内容には細部にわたっての約束事項も明記されていることが一般的である。これに対して，わが国では，不動産売買にかかわるような大口の取引の場合などには必ず契約書を取り交わすが，個人的なものやごく小さな契約に関しては，相互の信頼関係によって，契約書を取り交わしたとしても，その内容が細部に渉って明記されることはまれであるといえる。

しかしながら，実際には，どれほど小規模で個人的な取引に近いものであっても，後々のトラブルを防止する方策のひとつとして，正式な契約書を取り交わしておくことがビジネスの鉄則であることはいうまでもない。

異なった文化をもつ当事者同志がビジネスを通じて行う異文化間コミュニケーションの場合，相手国のビジネス文化を理解すると同時に自国におけるそれに対しても理解を求める努力をすべきである。多くのコミュニケーション・ギャップは，文化の異なる人間が自分の立場，相手との関係などの理解をしないで情報の発信あるいは受信していることから起きている。ハイコンテクスト社会の視点から発信された情報は，ローコンテクスト社会のビジネス文化に慣れている人びとには伝わりにくいことを十分に念頭におきながら，言語・非言語双方のコミュニケーション技術を駆使して，誤解を生じさせないコミュニケーションスタイルを作り出すことが重要である。[12]

7．コンフリクト・マネジメント（Conflict Management）

ビジネス社会において，効率よく仕事を進めるためには，職場の人間関係が良好でコミュニケーションも末端までうまくいっていることが重要である。前述したハイコンテクスト社会の例にもあるように，日本的経営が主流をなしてきたわが国企業風土の中で，職場集団にも「和」の精神を核とした独特のコミュニケーションの土壌があることは明らかではある。しかし，たとえある情報が職場組織にインプットされたとして，年齢・経験・習慣・価値観・性格・感情・状況（立場）欲求などが異なる多くの人びとによって構成されている職場では，当然，個人によって情報処理・判断・理解・意見などにさまざまな結果がでてくる。

グローバル化時代のビジネス社会においても，互いに異なる文化を有する国同志の取引が行われるわけであるから，そこには考え方や価値観の相

異からさまざまな葛藤やコンフリクト，すなわち対立関係が発生しうる。つまり，国際ビジネスにおいても，国内の企業間でも，あるいは同じ組織内の個人対個人の関係であっても，対立関係の日常的な発生は避けることの出来ない事実なのである。

それでは，企業レベルでのコンフリクトにはどのように対応すればよいのかというと，たとえば，中央大学の佐久間賢教授は，コンフリクト・マネジメントに関して以下のような5つの経営スキルをあげている。すなわち，適切な意思疎通力としてのコミュニケーション（Communication），的確な表現力としてのプレゼンテーション（Presentation），調整力という意味でのコーディネーション（Coordination），正確な状況分析と代替案の組合せ力であるところのエンジニアリング（Engineering），当事者双方が満足を得られるようないわゆるウィン・ウィンの関係をもたらすことのできるような問題解決力であるところのネゴシエーション（Negotiation）の以上，5つである。

これらの経営スキルは，利害関係の調整にあたり，その利益が双方に還元されるような問題解決を図ることを目的とするもので，特に第5の問題解決能力を保有することが，今日のビジネス社会において能力ある人材としての評価を得るための条件のひとつであるといえる。[13]

8．対立の機能と効用

以上のようにビジネス社会においては，なんらかのコンフリクト，対立関係をさけて通ることはできないといえる。しかしながら，ビジネス社会における対立の概念には，破壊的であるというデメリットばかりでなく，生産的な側面に通ずるメリットも含まれているという意見もある。

たとえば，トスポルは対立の機能と効用について，以下のように指摘している。すなわち，

① 対立を論じることにより，相手を意識するようになり，協力して問

題に当たれるようになる。

② 対立は組織の中に，変化と社会への適応をもたらす。

③ 対立は，交渉者間のつながりを強め，士気を高める。

④ 対立は自分自身と相手に対する認識を促す。

⑤ 対立を経験し，交渉者は成長する。

⑥ 対立により，交渉者は精神的に成長する。

⑦ 対立を活力や喜びに変化させることが出来る。

以上 7 点である。

つまり，対立から逃げるのではなく，対立にどのように対応したらよいのかということについて熟慮し，解決方法を探りつつ相手と交渉を進めるのであれば，交渉とは建設的に対立に対処する有効な戦略となることも可能となるのである，としている。[14]

【注・参考文献】
1） 御手洗昭治著『異文化にみるコミュニケーション Vサインは屈辱のサイン?』ゆまに書房，2000 年，3 頁。
2） 御手洗昭治著，同書，18-19 頁。
3） 御手洗昭治著，同書，116-117 頁。
4） 御手洗昭治著，同書，122-123 頁。
5） 武田秀子・能登洋子・松井弘子・三村善美著『秘書・ビジネスワーク論』早稲田教育出版，1998 年，109-111 頁。
6） 武田秀子・能登洋子・松井弘子・三村善美著，同書，112 頁。
7） 御手洗昭治著，前掲書，114 頁。
8） R.J. レビスキー，D.M. サンダース，J.W. ミルトン著（藤田忠監訳）『交渉学教科書 今を生きる術』文眞堂，1998 年，292 頁。
9） 安田正・山添均著『ビジネスコミュニケーションの技術』㈱ジャパンタイムズ，1999 年，17 頁。
10） 御手洗昭治著，前掲書，96 頁。
11） 21 世紀研究会編『世界の常識地図』文藝春秋，2001 年，19-216 頁より抜粋。
12） 安田正・山添均著，前掲書，27-28 頁。
13） 佐久間賢著『交渉力入門』日本経済新聞社，1997 年，15-16 頁。
14） R.J. レビスキー，D.M. サンダース，J.W. ミルトン著（藤田忠監訳）前掲書，21 頁，図表より抜粋。

Eye（愛）・Contact

★感覚尺度

アメリカの文化人類学者ホールは，人間同志が係わり合いを持つためには，それぞれの人間の肉体に備わった物理的なサイズ以外に，心理的，感覚的な寸法であるところの感覚尺度が必要であるとして，次の4つの距離をあげています。それぞれの違いをよく理解して，積極的なコミュニケーションに役立てたいものです。

密接距離（0〜0.45メートル）
　相手の体温，呼吸音，匂い，感じなど全てが結合し，感覚入力が非常に高い関係を保てる距離。たとえば恋人同志の距離。

固体距離（0.45〜1.2メートル）
　自分と他者との距離を保てる防御距離で，意識すれば接触可能な距離。たとえば顧客や会社の同僚との距離。

社会距離（1.2〜3.6メートル）
　会話が出来て，社会的な付き合いが可能となり，やや形式ばった場合に取られる距離。たとえば取引先や上司に失礼に当たらない距離。

公衆距離（3.6〜20メートル）
　細かいニュアンスや顔の表情が感じ取れない距離。たとえば，道路ですれ違ったり，初対面の人との距離。

第Ⅱ部

実務編

第 6 章

プレゼンテーションのためのスキル

　プレゼンテーション (Presentation) の成功はビジネスの成功といわれるほど，ビジネスマンにとってプレゼンテーション・スキルを身に付ける事は重要な要件といえる。
　プレゼンテーションという言葉は，もともとは広告業界で使用されていたもので，広告代理店の人間が，クライアント（顧客）に対して，キャンペーンの企画の提案・説明・説得するという，つまり顧客へのサービスの一環であった。そのやり方が一般の企業にも導入され，自社自身の PR・新製品紹介・見学者案内・展示会の場などへと広く使われるようになったとされている。[1]
　どのようなコミュニケーションにおいてもメッセージの送り手と受け手があり，双方の間に発生する伝達と理解のプロセスの繰り返しを通して，情報が創出され流れていく。この意味で，プレゼンテーション・スキルもまたコミュニケーションの一形態であるといえる。
　しかし，ただ情報を伝えるだけがプレゼンテーションではない。伝えた結果，受け手がどのように判断や意思決定を行い，計画の実行がなされるかというのがプレゼンテーションにとってもっとも重要な問題であり，同時にそれを実施するプレゼンターの腕のみせどころでもある。つまり，プレゼンテーションによって伝達される情報は，相手企業にとって役立つものでなければならないが，それはプレゼンテーション本来の目的でもあ

る。

1．プレゼンテーションの定義

　プレゼンテーションとは「限られた時間の中で，情報を正確に伝え，その結果として，判断や意思決定まで促すコミュニケーション方法のことである」と定義されている。[2]

2．プレゼンテーションの能力

　プレゼンテーション能力とは，いわゆる豊かな表現力，つまり説得力のある態度，話し方，技法，ビジュアル化できる能力のことである。

　またプレゼンテーション能力を持つということは，自己表現力あるいは論理的思考・創造的思考ができるようになるということであって，今日，企業が求めている優秀な人材，あるいは人物像の条件の中には，膨大な情報の中から，限られた時間内に必要な情報を選択し，加工・編集の上，それらをいかに効果的にユーザーやクライアントに伝えられるかという，プレゼンテーション能力が重要な位置を占めているのである。

3．プレゼンテーションの準備

　プレゼンテーションの成功を可能にするためには，まず第1に，顧客のニーズを早く正確に把握することが大前提である。顧客のニーズを把握したならば，第2に，顧客を満足させるための企画に沿って，必要なあらゆる資料・データを収集する。第3に企画に関するコンセプトを決定し，集めた資料・データのビジュアル化を図る。第4に，プレゼンテーションに際しての顧客との質疑応答に備え，あらかじめシミュレーションを試みる。第5に，プレゼンテーションの会場に早めに行き，機器の調整，リハーサルを行ってみる。これは会場の雰囲気に馴れておくと同時に自信をつけるためにも有効な方法である。[3]

4. プレゼンテーションの基本的要素

プレゼンテーションとは一種のデザインであるといわれる。完璧なプレゼンテーションを行うためには，以下のような5つの基本的要素を満足させる必要がある。

すなわち，第1に，プレゼンテーションにかかわる聞き手（People），目的（Purpose），場所（Place），すなわち3P分析をすること。特に聞き手分析には注意が必要である。第2に，企画した内容とそのメリットを正確に伝えるという意味での情報の効果的伝達を行うこと。第3に，自信と熱意，誠意を持って，プレゼンテーションの内容に説得力を持たせること。第4に，プレゼンテーションがトータルパフォーマンス（Total Performance）であるという視点に立って，サービス精神に富み，理解しやすい，エンターテイメント的要素を盛り込むよう心がけること。第5に，プレゼンターの有すべきキャラクターとして，情念的で，明るくて，元気がよく，新鮮さと斬新さを兼ね備えていて，人を感動させるものを持っており，内面的にも，また，外面的にもインパクトがあること。以上5点である。

5. プレゼンテーションのデザイン

プレゼンテーションは，それを行う人間の全人格の表出でもあるから，以下の5点に留意しながら，効果的な演出を施す必要がある。

①情報提供のTPO

収集した大量の情報やデータの中から，必要なものを，時間・場所・状況に合わせて選択し，提供すること。アメリカなどでは比較広告という，他社の同様同種の製品との比較をつうじた情報の提供も実施されている。

②情報提供の順序の工夫をする

情報の内容によって提供する順序を考えること。聞き手の態度や関心を示す状態などを把握しながら，順序を変えていく臨機応変の処置をとれる

ようにする。また，聞き手の好奇心を持続させるよう，常に工夫をする必要がある。

③情報提供のスタイル

提供しようとする情報への聞き手の理解をより深めるために，スライドと資料を組合わせたり，サンプル・模型を用意したり，カタログを配布するなど，必要に応じて情報提供のスタイルを変えてみる。この際，聞き手の視覚や触覚に訴えることも大切である。

④イメージ情報を考える

イラスト・図形・写真などのイメージ情報を効果的に用いること。特にグラフ・図形は理解しやすく，プレゼンテーションには必須のツールであるといえる。

⑤主役はクライアントであることを忘れない

プレゼンターの話術によって，納得，説得されて，聞き手が行動をおこすよう，聞き手を楽しませながら，好印象をもってもらうことが重要である。つまり，プレゼンテーションの主役はあくまで聞き手であるクライアントであるから，その感情を害する恐れのあるネガティブなテーマ，たとえば，宗教や政治的信条，イデオロギーや主義主張，性差別や人種差別，特定の個人への攻撃等を引き合いに出すことは，絶対に避けなければならないだろう。[4]

(1) 情報収集量と視覚

プレゼンテーションを効果的にするためには，視覚に訴える方法がある。人間が持っている五感による情報収集量を100とした場合，その内訳は視覚の72に対して，聴覚13，味覚6，嗅覚6，触覚3といわれている。つまり言葉による説明（聴覚）より，視覚は5倍以上のインパクトをもっているということになる。また1986年にミネソタ大学で聴衆がプレゼンテーション後にどれだけの内容を記憶しているかを調査したデータで

も，視覚物を使った場合の効果は，使わない場合より43%も上回っており，さらに，白黒画面よりカラー画面を用いた場合の方が，聴衆が発表内容を長く記憶することも分かった。[5]

(2) プレゼンテーションのビジュアル化
①図解の3大特性
　上記のごとくプレゼンテーションに際して提示したい情報やデータを図解化あるいはビジュアル化して聞き手の視覚に訴えることは，効果的なプレゼンテーション・スキルの1つである。図解化するということは，情報を単純化・論理化・印象化することを意味しており，それぞれの情報を分析，整理，再編成し，発表内容の本質を構造的に説明することにつながる。したがって，図解は聞き手の視覚・感性に訴え，その理解を確実なものとすることのできる効果的な技法であるといえる。

②ビジュアル化の具体的な手法
　プレゼンテーション情報を図解化するメリットとしては，短時間で，正確かつ効率的・経済的にデータの理解ができることにあるが，その具体的な手法としては，以下の4つが代表的である。
　イ．イラスト…難解な説明文，面白みのない文章が，楽しく面白く描くことによって聴き手の関心度も高くなる。
　ロ．グラフ…業績の推移，前年度との対比など数字的な増減が一目で理解できる。
　ハ．レイアウト…レイアウトの凝っている企画書，提案書などには，つい手にとってしまうなどのようにしゃれたレイアウトにすることはプレゼンテーションの中でも大切な技法である。
　ニ．フローチャート…作業の流れを図解したもので，仕事の手順や思考の流れが，順序だてて理解できる。たとえば事務作業の流れなどは，フローチャートで決められている記号を用いることで，その全

体像を効果的に把握することが可能なので,現在でも使用される頻度は高い。

(3) **プレゼンテーション情報のデジタル化の効用**

プレゼンテーションには,情報を伝達するもの,指導をするもの,説得するものという3タイプがあり,それぞれのタイプにあったプレゼンテーションを行うために,最近では以下のような3種類のコンピュータ・ソフトウェアが多用されている。

- イ.表計算ソフト…表作成機能,平均値などの計算機能,並べ替え技能,入力した数値データを各種グラフに変換する機能などを備えたソフトで,財務計算や作表などの時に効力を発揮する。
- ロ.グラフィックソフト…線を組み合わせて各種の図形を作成できるドロー系と,各種の電子筆で電子ボード上にさまざまな線を描くことの出来るペイント系と2種類があり,キッズ用からアート用まで多くの種類のソフトがある。
- ハ.DTPソフト…デスク・トップ・パブリッシングの意で,イラスト,写真などを印刷したり製版したりするときに便利である。

(4) **プレゼンテーション情報のグラフ化の効用**

上述の表計算ソフトを活用すれば,膨大で複雑な数値データをグラフ化し,説得力のあるプレゼンテーション資料を作成することが可能となる。プレゼンテーション資料に多用される代表的なグラフとしては,図表6-1に示すように,折れ線グラフ,棒グラフ,帯グラフ,円グラフ,パレート図,積み重ねグラフ,レーダーチャート,ヒストグラムの8種類がある。[6]

114　第Ⅱ部　実務編

図表6-1　プレゼンテーション資料に多用されるグラフ

①折れ線グラフ　　　　　　　　　　②棒グラフ

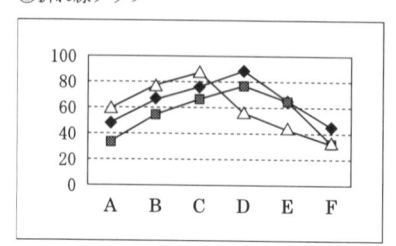

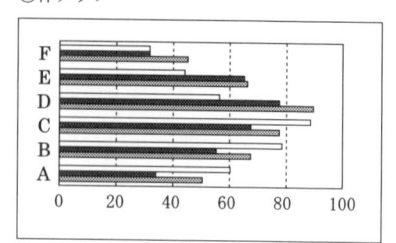

③帯グラフ 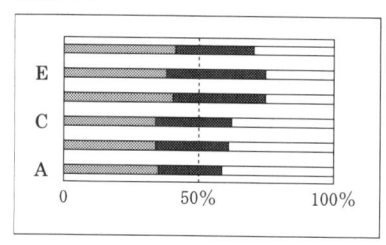　　　　　　　　　　　　④円グラフ

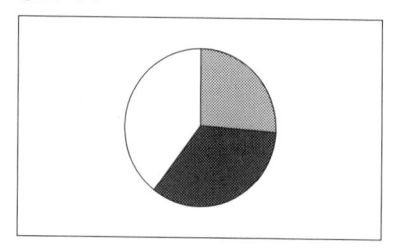

⑤パレート図 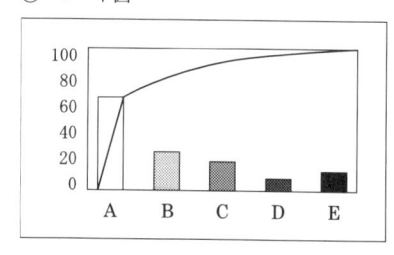　　　　　　　　　　　⑥積み重ねグラフ

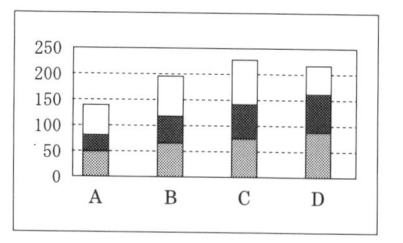

⑦レーダーチャート 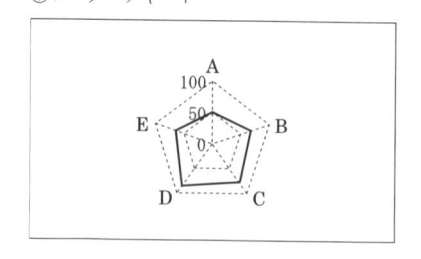　　　　　　　　⑧ヒストグラム

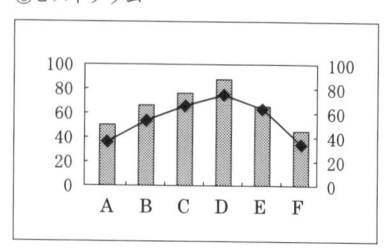

出所：日本経済新聞社編『仕事の進め方』日本経済新聞社，1997年，98-99頁に筆者加筆。

6．プレゼンテーションとディベート（Debate）

　プレゼンテーションには聞き手である顧客の理解が重要である。プレゼンターが自信を持って説得力のあるプレゼンテーションを行うためには，ディベートのノウハウを修得しておくことが効果的であるとされている。

　ここにいうディベートとは，主にビジネス社会において日常的に散見される，会議や職場，あるいは商取引などの場での，さけることのできない利害・意見・主張などの対立を，言論をもって相手を説得・納得させることで解決に導くためのスキルと能力を身に着けさせる目的で行われる高度な知的ゲームのことである。

　またゲーム（Game）とは，日本で認識されているゲームや娯楽の意味ではなくて，欧米で認識されているところの，勝敗がある（つまり引き分けはない），必ずルールがある，明文化された戦争をいう。したがって，ディベートも交渉もゲームと考えるならば，今後は企業内の教育的プログラムに組み入れられるべきものであるといえる。

　しかし，わが国のビジネス風土の中では，従来，ディベートも交渉もあまりよい印象を持たれてはいないようである。たとえば，ディベートは，「ああいえばこういう屁理屈人間をつくるものだ」，「ディベータは勝敗にこだわる意地悪人間」，「ディベータには嘘つきの二重人格者が多い」などという考え方にとらわれているビジネスマンは今も多く存在する。また，交渉に関しても「交渉してくる＝マケさせる」，「彼は口が達者だから，彼に交渉させよう」などときわめて評判が悪い。けれども実際に参加して見ると，ディベートには，後述するような色々な効用があるということがわかる。

　すでに述べたように，ディベートは，ビジネス社会において会議などで自分の意見や考えを通すため自己主張のスキルである。しかし，そもそもディベートは，知的ゲームといわれ，一定のルールに従い，2つの意見の異なる主張のいずれかの立場に立って，自分の主張の正しさを第三者に説

得するというゲームである。あくまでゲームであるから，どちら側も意見が対立したまま自分の立場を譲らないために，議論は平行線をたどったまま続く，そこでジャッジという第三者を必要とする。ディベートに勝つということは，この第三者を説得できた方ということになる。

　このゲームは，他のゲーム同様，肯定・否定のどちら側の主張に立つかは，ディベート参加者の本心とは必ずしも一致しているとは限らない。たとえば，自分はそうは思わないという主張であっても，肯定と否定のどちらの側につくかによって，相手を納得させるための主張をしなければならない場合もある。

　①ディベートは Why-Because のゲーム

　松本道弘国際ディベート学会会長は次のように述べている。

　ディベートにとって重要なのは，Why（なぜ）という問題意識であって，この Why（なぜ）に対する答えに相当する Because（なぜなら）には，証拠のような具体的な物証「データ」と論拠「ワラント；Warrant」がなければならない。

　ワラントとは，あるデータ（事実）から，結論（主張）を導くための拠の役目をするもので，一般的な価値観に基づくもの，データの信憑性に基づくもの，論理的関係に基づくものの3種類に大別される。[7]

　②ディベートに勝つために

　ディベートに勝つためには，次の事柄を実行すべきである。

　イ．情報の収集と整理

　　　これは自分の主張を正当化（論拠）するためのデータを集め分かりやすく図解し，提示しやすいように整理をしておくこと。

　ロ．相手からの質問を想定し，シミュレーションをしておくこと。

　ハ．話すときは，ⅰ 立ってはなす，ⅱ 明快に，ⅲ 話に緩急をつける（強く，ゆっくり，声の大・小），ⅳ 専門用語も効果的に使用する，ⅴ 相手の目を見て話すなどに心がけること。

ニ．データの提示は具体的に，金額，数字などを入れておくこと。
ホ．相手の主張をメモし，論理の矛盾を発見し，徹底的に責めること。
ヘ．反論には，具体的な事例説明をすること。
ト．こちらの弱点をつかれても冷静に，論理の再構築をし，反論すること。[8]

③ディベートによる3つの効用

ディベートの訓練をすると，第1に，頭が論理的に整理され，相手の立場にたって考えるようになるため視野が広がり，じっと聞き，書き，考えるので集中力がついて，これらの3点を総合して考えると，訓練をする前より頭がよくなるという効用が得られる。

第2に，ディベートはあくまでゲームであるからその勝敗にはこだわらなくなり，前向きで楽観的な発想が生れやすくなり，意見の対立を恐れなくなることから他者に対する恐怖感をいだかなくなり，総じて明るい性格になるという効用が指摘されている。

また，第3の効用としては，性格が陽気になり，哲学的思考に馴れてくるので心身ともに若返り，結果として健康になると考えられている。[9]

④ランチェスターの法則とディベート

日本人の議論は，地上戦といわれる。つまり，アリの闘いのように，戦術と戦術とがぶつかり，共倒れになってしまうのだという。戦術は目に見えるが，戦略は見えない。日本民族は，戦術で勝ち，戦略で負けてきたといわれている。ビジネスマンはディベートを通じて，戦術のみならず，戦略も学ばなければならない。

戦略という意味で，多くのビジネスマンが関心を寄せているものにランチェスターの法則がある。ランチェスターの法則とは，空中戦の研究から生まれたものである。イギリスの技術者，F.W.ランチェスターは，自動車のエンジニアであったが，飛行機に関心を持ち始め，航空工学のエンジ

ニアとして成功した。彼は,「飛行機が何機と何機で戦ったら,どちらが何機撃墜されるだろうか」というように,空中戦からヒントを得て,その数値,確立などから,相手が多ければ接近戦法で,相手の数が少なければ距離を保ちというように,兵力の割合と損害の大きさとの間にどのような法則性があるのかを解明したものであって,このような空中戦にも通ずる次元の多面性をも視野に入れた複眼的思考でないとディベートの際に相手の弱点を見抜くことはできないとされている。

　このランチェスターの法則は,エリアマーケティングにも有効な戦略として応用されている。この場合の法則の解釈は,弱者と強者の地域戦略として,第1の法則「弱者の戦略」を戦闘力＝武器効率×兵力数とし,競合企業の製品やサービスの性能が同レベルであれば,兵力(営業マン)の多い方が有利であるとするもので,第2の法則「強者の戦略」は,戦力＝武器効率×(兵力数)^{2}であるが,これは第1の法則が局地戦,接近戦,一騎打(一点集中戦)を選ぶことに対し,第2の法則は,相手企業の商品やサービスが同じレベルであれば,「強者の戦略」として,広域戦,遠隔的,一騎打ちをさけて総合戦,兵力(営業マン)の数で圧倒的な優位性を保ち短期決戦にするというものである。ランチェスターの法則のユニークなところは,戦争における損害量の計算を基本としているところから,経営戦略を立てる場合にも考え方として多く応用されている。[10]

【注・参考文献】
1) 武田秀子・能登洋子・松井弘子・三村善美著『秘書・ビジネスワーク論』早稲田教育出版,1998年,66頁。
2) 富士ゼロックスドキュメントマネジメント推進室編『プレゼンテーションの説得技法―ビジュアル・ドキュメントの作り方』日本経済新聞社,1994年,13頁。
3) なお,具体的なプレゼンテーション技法については,日本経済新聞社編『電子時代の仕事の進め方』日本経済新聞社,1997年,100-101頁の内容をもとに著者加筆,再構成。
4) 日本経済新聞社編,同書,95-105頁。
5) 中嶋秀隆・マット・シルバーマン著『デジタル対応　プレゼンテーション』日本能率協会マネジメントセンター,2000年,44頁。
6) 日本経済新聞社編『仕事の進め方』日本経済新聞社,1997年,96-99頁。

7) 松本道弘著『図解 ディベート入門』中経出版，1998年，16-18頁．
8) 日本経済新聞社編「仕事の進め方」日本経済新聞社，1997年，116-117頁．
9) 松本道弘著，前掲書，42頁．
10) 松本道弘著，同書，97頁．
　　青木三十一著『経営のしくみ』日本実業出版社，1991年，68-69頁．

Eye（愛）・Contact

★メモリーが大事

　最近は，プレゼンテーション用のアプリケーションソフトをインストールした小型のノートパソコンなどを使って，プレゼンテーションをする人が増えてきました。この種のソフトウェアは，通常のワープロソフトなどと比べて，多くのメモリーを必要とするため，メモリーの小さな旧式のノートパソコンなどを使っていて，プレゼンテーションソフトが突然止まってしまうなどという，ハプニングが学会などでもよく見られています。ハードウェアとソフトウェアの相性についても，入念な事前チェックが必要です。

第7章

ネゴシエーションのためのスキル

　人は日常生活のあらゆる場面において何らかの交渉に直面している。つまり，ビジネス社会においてのみならず，家族関係あるいは友人，外交関係など，いろいろな状況の中で人は交渉をしている。この意味において，交渉とは多種多様な人と人との関係の中から，相互が満足する成果を創造するプロセスであり，特にビジネスと密接な関係にあるということができる。このことは，ビジネス社会における種々の交渉の場面において，交渉を担当する者の力の優劣によって，その成果には大きな差が生じるといわれるほどに，交渉がビジネスの成否を決める中心的な役割を担っているという事実からも明らかである。以下には，「交渉とは何か」という基本的な側面から分析，研究をしていくことになるわけであるが，ここで明記しておくべきことは，交渉そのものが，上述のとおり人間と人間との関係から成立していることから，その研究領域は，非常に多岐にわたる学際的性格を有するという点であろう。つまり，いわゆる交渉学の考察にあたっては，経営学の場合と同様に，経済学，コミュニケーション論，心理学，社会学，人類学などを多くの異なる学問分野に属する関連科学をもその研究範囲となっていることである。[1]

1．交渉とビジネス

　上述のように，交渉が対立する利害関係の解決にあたり，対話を通じて

合意に到達する相互プロセスであって、ビジネスと密接な関連性をもつものであるとするのならば、交渉学の考察をはじめるに当たっては、ビジネスにおける「交渉」の概念をより明確にしておく必要があるだろう。

まず、その語源的にはビジネスと交渉との間には以下のような解釈を中央大学佐久間賢教授は説明している。交渉、英語の Negotiation の語源はラテン語の negotium からきており、neg は英語では not, otium は leisure や free など時間がたっぷりあるという意味にそれぞれ当たることから、negotium とは、not free（暇でない）、busy（忙しい）の意味から転じて、ビジネス（business）と同義語といえるとしている。つまり、これはネゴシエーションとは、取引すなわち、話し合いにより、互いにある合意点に到達することで、ビジネスそのものを意味するという解釈である。[2] また、Negotiation は Bargaining と同意義であるという解釈もあるが、この場合、bargaining がより競争的な、あるいは価格をめぐる交渉を意味しているのに対して、negotiation は、より洗練された交渉ということになる。[3]

次に交渉学の研究者による交渉に関する概念規定を概観すると、交渉とは、基本的で一般的な人間の行動であって、労使関係、合弁や買収などの商取引、さらに日常的に見られる過程であるという。日常的という表現は、つまり、人は双方の要求を満たし、利益と満足感を得るために交渉をするものであるから、それは行政や実務の専門家だけでなく、あらゆる人びとが日常的に行っている行動であるという意味である。このため、交渉の要素とその過程は、行政や実務の専門家による交渉においても、個人による交渉であっても、基本的には同じであり、あらゆるものの事態などをめぐって交渉が行われているという意味において、交渉に関する知識と扱いは誰にとっても重要なものであるということができる。[4] さらに、慶應義塾大学印南教授は、交渉とは意思決定の連続であって、的確な戦略的意思決定を行うことができれば、交渉を成功にみちびくことができる、と交

渉と意思決定の関係をのべている。[5]

2. 日常的な交渉例

　交渉が，われわれを取り巻く生活のあらゆる場面において日常的に行われているということを示すために，以下のような事例を示すことにする。事例の原典はアメリカの平均的サラリーマン夫婦に起こる日常的交渉の連続を描写したものであるが，説明をより理解しやすくするために，日本における事例を想定して若干の修正を施してみた。交渉には，この他にも，よく見聞きするものとして国家間の政治的交渉，2社間のビジネス上の交渉，人質開放の交渉をめぐって犯罪交渉人や誘拐交渉人と称される専門家が活躍する，バスジャックやハイジャックとの交渉など，さまざまな状況下において日常的に交渉が行われているといえる。[6]

＝ある夫妻の交渉事例＝

　『……朝食の間中，妻のA子さんは今度の夏休みにはどこに行くのかとずっと質問し続けている。彼女は，自分の大学の同窓会が主催する，香港への旅行に参加したい。しかし，夫のB夫さんは，休暇ぐらい予定や人ごみから離れて静かに過ごしたい，できればひなびた民宿にでもいって日がな一日釣でもしていたいと思っている。

　おまけに，まだ子供たちが一緒にくるかどうかも決まっていない。子供たちは2人ともキャンプに行きたがっているけれど，4人でキャンプと旅行の両方に行く程の余裕はない。キャンプにいったら，上げ膳据え膳というわけにはいかない。環境の違う海外でのホテル暮らしのほうが楽でよい，という妻の意見にも一理あるようにも思える。まだ話しあった事はないが，なかなか決められない事ははっきりしている。友人の中には，解決策として別々に休暇をとった夫妻もいる。

　A子さんとB夫さんは，普段は共に一日中外で働いているので，休暇

ぐらいは一緒に過ごしたいと思っている。

　B夫さんは電車で通勤する間，夏休みの休暇のことばかり考えていた。一番の悩みは，この問題は解決しようがないように思えてしまうことである。今までは，2人とも妥協してきたが，今回は，そうもいかないだろう。あみだくじで決めた時もあった。レストランを決めるくらいならそれもよかろうが，大金をつぎ込むとなると，しかもまとまった時間の使い方をそんな方法で決めるというのは，リスクが大きすぎる気がしている。しかも，こんな方法で決めてしまえば，要求が通らなかったほうはがっかりするだろうし，要求が通ったほうも喜ぶというよりはむしろ相手に対してすまなく思うことになるかも知れない。

　地下鉄の駅を降りて社屋まで歩いている時，B夫さんは会社の購買部長に出会った。B夫さんは業界大手といわれている家電メーカで販売促進を担当する責任者のひとりである。部長の顔を見たとたん，B夫さんは自分の部下がおこした問題を思い出した。その部下は会社の購買部を通さずに，直接販売会社と連絡をとっていた。購買部が自分の部署を経由するようにと言っていることを，B夫さんは知っていた。しかし悪いことに，部下が新製品開発のための顧客情報を必要としていることも分かっていた。購買部を通したのでは時間がかかる。購買部長にはB夫さんの考えがわかっていた。B夫さんのほうも真剣に取り組めば，この問題は何とか解決できると考えていた。また2人は，自分たちで解決することを上司が期待していることもわかっている。しかも，この問題が上に伝われば，B夫さんたちにとっても，上司にとっても悪い結果になるのは明らかだ。

　B夫さんが机に座ったとたんに，以前から新車の話をしていた，車の販売員から電話があった。A子さんがその車についてどう思うか。運転したがるだろうかと聞かれたが，B夫さんにはわからなかった。そこで，性能は素晴らしいが，値段のことが問題だろうと答えておいた。B夫さん自身は，これはいい話だと思っている。しかし，同時に相手はもう少し譲歩す

るかもしれないとも思う。そこでさらに値引きをしてもらうために，もう一押ししたのである。電話を切ると，すぐまたベルが鳴った。

　妻のＡ子さんからだった。彼女は，自分が融資担当主任として働いている地方銀行の経営方針に対する不満を，夫に聞いてほしくて電話してきたのだった。古くさくて，家族的経営で，コンピュータの導入が遅れている。官僚的で，顧客の要望にこたえるのが遅い。Ａ子さんの職場に対する不満はざっとこんなものだった。他の銀行が貸し付けの承認を３時間で行うところを，Ａ子さんの銀行では１週間もかかるのだという。それにもかかわらず銀行の管理職は，公共性を重視し，相変わらず顧客に対して正直であり，新たにできた大規模な銀行に客を奪われ続けている。ライバル銀行はもっと効果的な営業方法をとっているのに。Ａ子さんの顧客は大規模銀行に移っていく。しかしＡ子さんがこの問題を取り上げようとすると，上司は取り合わずに，忠誠心について話し始めてしまうのだという。

　Ｂ夫さんはたいてい，年間の予算会議で午後をつぶされてしまう。Ｂ夫さんはこの種の会議が苦手だった。財務部門の社員は，全員の数字を30％削ろうとする。部長たちは，延々と新規事業計画のための予算を復活させようとする。Ｂ夫さんはこれまでに色々な人達との付き合い方を学んできて，嫌いな人とでもなんとかつきあえる自信がある。しかし財務部門の人達は，想像できる範囲で最も傲慢で計算高い人びとの集まりである。この会議が，顧客ニーズに迅速に対応した製品開発とその販売促進活動にどれほど悪い影響を及ぼしているかということに，上司がなぜ気付かないのか，Ｂ夫さんにはわからなかった。

　Ｂ夫さんは自分の方が正しいと思うし，このような人達の行動を見ていると，一歩も譲りたくなくなってくる。Ｂ夫さんはあくまでも戦うことにした。

　その晩Ａ子さんとＢ夫さんは町内会のある会合に出た。町の自然と景

観を守るための一種の委員会である。A子さんはこの委員である。2人は共に，しっかりした環境保護や管理は大切だと考えている。この晩の議題には，不動産開発会社による近隣緑地の宅地開発問題が取り上げられていた。複数の建設業者が提出したどの開発計画をみても，この計画により幹線道路へのアクセスが可能になり，居住人口の増加が町の活性化につながる等，開発によるプラスの効果が宣伝されている。しかし，大規模な開発によって町に残されている貴重な自然が失われてしまうことも，また事実なのである。開発会社からの当初の提案には，たとえば開発後も残すべき緑地の割合が少なすぎるなど，いろいろと問題点があった。そこで，町の自然と景観を守る委員会は，合意できる代替案の作成をA子さんに依頼してきたのである。結果として，開発計画は従来案よりも少しはましなものと変えられた。しかし，今A子さんにとっては，どのような開発にも強行に反対している委員の方が問題であった。おまけに利用契約の内容が外部に漏れてしまい，町の会議の中からも，反対派に同調する者が現れている。』

3．交渉が行われる状況の分析

　上述のようなA子さんB夫さん夫妻の日常的な交渉の事例を分析することによって，実際に交渉が行われる状況に関する以下のような6つの特色を挙げることが出来る。[7]

　まず第1に，交渉は2者以上の交渉者，具体的な例でいえば2者以上の個人，集団，組織，国家などの間で行われる。上記の例でいうと，夫B夫さんの交渉相手は妻A子さん，購買部長，車の販売員の3者であり，また，妻A子さんの交渉相手は，夫B夫さん，銀行の上司，町の自然と景観を守る委員会の一部の委員ということになる。

　第2に，A子さんもB夫さんも，自分の希望を現実のものとしようとして休暇，予算，車，会社の手続き規則などをめぐり交渉している。つま

り，ふたりとも何らかの対立を解消するために交渉を行っているのであって，この意味において，交渉者間には利害の対立があるということができる。

　第3に，妻のA子さんが夏休みの過ごし方についてしきりに夫のB夫さんに話し掛けていることからも明らかなように，交渉とは，相手からの好意，相手からの行動を待つより，こちらからアクションをおこすべきもの，つまり，非常に自発的なプロセスであるといえる。

　第4に，B夫さんが妻であるA子さんと夏休みの過ごし方について話し合う方法を考えたり，車のセールスについて電話で対応している場面を見ても分かるように，交渉を行おうとする人は，互いの交渉が決裂してしまうよりも，何らかの合意を得たいと考えている。

　第5に，B夫さんもA子さんも，自分が働いている職場の組織のあり方や経営の方針について，少なからず不満を持っているが，それを直接，上司にぶつけて対立するような事態は避けることが出来るように，経験をつみ，交渉の用意が出来ている。つまり，ふたりの職場や組織に対する不満を見ても明らかなように，交渉をしようとする人は，最初は譲らずに，自分の要求を強く主張するのが典型的なパターンではあるけれども，結局は双方がお互いの目的にあった解決策を生みだすことに努力するようになるのである。

　第6に，B夫さんは，夏休みの過ごし方について考えをめぐらす時，その結果が妻や子供達を傷つけないかという点について配慮しようとしているし，また，購買部と自分の部下とのトラブルや会議での意見の対立については，どちらも丸く治めたいと思っている。これは，交渉を成功に導くひとつの手段として，取引の成果や交渉の合意内容のような有形の問題と同時に，周囲からよく思われたい，同僚よりも多く契約を取り付けたい，交渉が決裂することは避けたいというような無形の問題に対しても，交渉する人が対応しようとするという特色を示すものである。

4. 交渉の種類

交渉に係わる種々の問題が，ビジネスの社会ばかりでなくさまざまな分野で日常的に取り上げられているのは，新聞やテレビなどの各種メディアを通じて広く見聞するところである。このため交渉の種類についても，たとえば，国内交渉，国際交渉，政治交渉，ビジネス交渉などというように，交渉が実際に行われる分野別に見ることが出来たり，また，その内容についても価格交渉と非価格交渉などのように二分法が取られることが多い。しかしながら，ここではより専門的な交渉学の分野での交渉に関する一般的な分類として，分配型交渉，統合型交渉の2つのタイプを挙げ説明を加えることとする。

(1) 分配型交渉

分配型交渉は，限られたパイ（利益・金）を分割する交渉である。ゼロ・サム交渉，あるいは分け前獲得交渉ともいい，要するにパイを換言すればお金やそれによる利益の分け前を，誰が一番多くとるかをめぐっての競争である。すなわち，交渉者のどちらか一方が得（win）すれば，もう一方は損（lose）する交渉関係である。

一般に，ビジネス社会の交渉は，大半がこのような分け前獲得交渉であって，具体的には不動産売買や観光地などでの値引交渉，つまり事後の保証や商品の交換が不可能な場合などが想定される取引において頻繁に利用されている。

不動産売買を例にあげると，ほとんどの場合，どちらの交渉者にも，その交渉のプロセスには，最初に提示する価格としての開始点，この金額で売りたいと考えている目標点，この金額以下には下げることの出来ない抵抗点が存在する。売り手の視点から見ると，開始点を1200万円，目標点1000万円，抵抗点950万円とした場合。これに対し，買い手の抵抗点，つまり，買い手として交渉の対象となっている不動産物件についてこれ以

上出せない金額が1100万円であるとすると，両者の抵抗点の差額150万円は，交渉範囲，解決範囲，あるいは合意可能区域などと呼ばれる。実際の交渉は，この範囲内で行われ，交渉価格がこの範囲から外れた場合には，結果的に交渉の当事者である売り手か買い手のどちらかが交渉を拒否し，交渉がつぶれるということになる。この意味で交渉範囲は，交渉にとって非常に重要なポイントといえる。

仮に交渉成立ということになっても，分け前が少ないほうには不満が残り，最悪の場合はだまされたというような不快感を抱くことも想定される。このように，ゼロ・サム交渉の場合には，交渉の当事者双方が満足を得られるようないわゆる『Win Win 交渉』が得られないという結果となることも多い。したがって交渉は，ゼロ・サム交渉を次に述べるようなプラス・サム交渉にもっていくことが重要であって，この意味でもゼロ・サム交渉は，交渉の初期段階ということが出来る。[8]

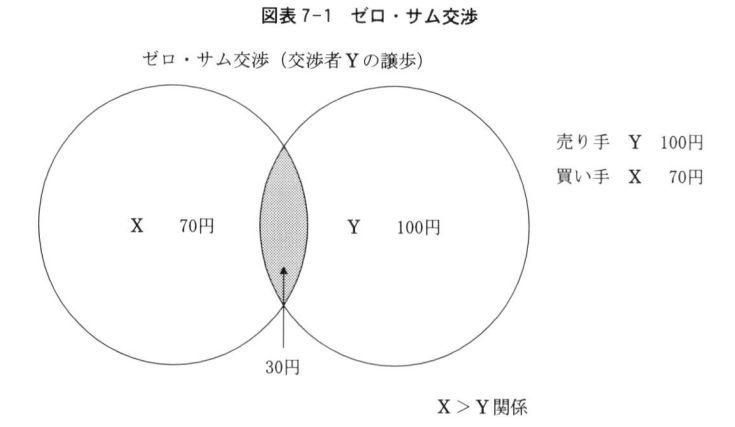

図表7-1　ゼロ・サム交渉

ゼロ・サム交渉（交渉者Yの譲歩）

売り手　Y　100円
買い手　X　70円

X　70円　　Y　100円

30円

X＞Y関係

出所：佐久間賢著『交渉力入門』日本経済新聞社，1997年，39-40頁。一部著者加筆。

(2) **統合型交渉**

統合型交渉は，プラス・サム交渉，利益交換型交渉，Win Win 交渉とも呼ばれている。

一般的には，価格交渉などに際して，取引価格などを多少犠牲にしても長期的な契約を結ぶという方法を選択するなどがこれに当たる。すなわち将来的にも良い人間関係が結べるような結果に導こうとするものである。

よく使われる例として，1個のオレンジをめぐって争っている姉妹の話がある。姉妹ともオレンジがほしいといって譲らないため，仕方なく母親は真2つに切って公平に分けた。これは公平であり，合理的に見えるが，実は姉はマーマレードを作るための皮がほしかったのであり，妹はジュースを絞るために中身がほしかったのだという。単純に真二つに折半という解決は，姉妹とも不満を残すことになる。

もし双方が充分話しあって（情報交換）をしていれば，皮は姉が，中身は妹がもらうという利益交換を行うことによって，双方とも満足を得たはずである。

このように，統合型交渉とは，交渉当事者がお互いに相手の問題点（交渉要件）を理解したうえで，双方に利益になる条件を積極的に見つける努力をする交渉のことをいうのである。[9]

5．**効果的な情報交換**

上述のように，交渉当事者同志が双方に利益になる条件を見つけるためには，相互に効果的な情報の交換が行われる必要がある。交渉に際しての効果的な情報交換に当たっては，以下の4つの点が重要になる。[10]

第1に，交渉当事者はさまざまな事柄について自由で開かれた話し合いを持つための状況を作り出さなければならない。

第2に，交渉当事者はそれぞれの価値観や選好が異なるのであるから，

相手が本当に達成したいことは何であるかを理解しようと努めなければならない。

第3に，交渉当事者はお互いの共通項を強調し，相違を最小限にするよう努力しなければならない。

第4に，交渉当事者はお互いの目標や目的に合う解決法を見出せるよう協力しなければならない。

これら交渉当事者間の有効な情報交換の重要性を示す具体例としては次のようなものがある。

(1) 図書館のケース

クーラーのきかない図書館で2人の学生が窓の開け具合について口論していたとする。一人は窓を開けて欲しいと，もう一人は閉めて欲しいとそれぞれに思っていて，どの位開けるのかで言い合いをしているのだが，どの解決策も2人を満足させていない。そこへ，言い争いの気配を知って1人の図書館員が入ってきて，一方の学生になぜ窓を開けたいのかを尋ねた。その答えは「新鮮な空気をいれたいので」。もう1人になぜ閉めておきたいのかを尋ねると，「風を避けたいので」という答え。図書館員は少し考えた末，隣の部屋の窓を広く開けて，風を入れずにしかも新鮮な空気を入れることにした。

このたとえ話の中で重要なのは，なぜ2人の学生は現在望んでいる事を，望むのかということである。利害対立のもとになっている動機，つまり双方の動機づけの要因を理解することで対立関係を解消するための交渉が成立し得るのである。[11]

(2) 就職希望者と採用者のケース

ある会社の採用担当者と就職希望者の初任給を巡る対話である。わが国

の企業での採用面接で想定される内容とはかなり隔たりがあるが，外国での典型的な交渉事例を考察する上で重要と考えられるので，あえて原典のまま紹介する。

採用担当者「初任給についてどう考えていましたか？」
就職希望者「4万ドルを希望しています。」
採用担当者「当社は3万5000ドルしか出せません」
就職希望者「それは困ります。」

この段階で交渉の当事者間には提示金額に5000ドルの開きがあるのは明らかであるが，その理由については両者ともに明らかにされていない。そこでもう一度双方が互いの利益に焦点をあて対話をやり直してみることになる。

採用担当者「4万ドルは当社にとっては問題です。なぜ4万ドルを希望するのですか？」
就職希望者「はい。私は返済しなければならない教育貸付金がたくさん残っています。卒業するために，あと2～3科目分を払わなければなりません。この支払いの分の持ち合わせがなく，4万ドル以下では，家族を普通に生活させることもできません。」
採用担当者「当社は，新入社員に教育貸付金を再融資する計画があります。また，当社はあなたが履修する必要のある科目が，仕事と関連しているなら，新しい科目の学費を払う計画があります。このような当社の計画は，あなたの抱えている問題の助けになるでしょうか？」
就職希望者「はい，なります。」

この段階で採用担当者は，就職希望者の利益，すなわち教育貸付金の返還と今後の教育費の支払いについて表面化し，採用担当者の会社と就職希望者双方の要望に合う資金的援助策を提供することができた。

以上は，交渉当事者がお互いの目標や目的に合う解決法を見出せるよう協力しあった例ということができる。[12]

(3) 3人の友達のケース

3人の学生（良き友人でもある）が，論文を協力して書き，懸賞論文に応募した。3人のうち2人の学生は平等に分担し，2人でその仕事の90%を担当した。その結果，学生達は300ドルを獲得した。ここで問題になるのが，その賞金をどのように分けるかということである。1つのやり方は，それぞれが100ドルずつ分ける方法である。しかし，もし彼等が貢献した度合によって分けるとすると，2人が135ドルずつもらい，3人目は30ドルだけということになる。しかし，3人とも，仕事量を巡って喧嘩をすることはないと思っている。1人だけ仲間はずれにはしたくないし，お金の差額は小さなことだ。結局，単純に100ドルずつ分けることに決める。これはつまり，当面の利害，すなわち，この事例における状況と彼等の3人の関係を考慮した上で，何が公平かについての原則を論議することである。

そうすることによって彼等は，賞金を分け，互いに敵意を持たずに，3人の関係を維持するという解決策に到達することができたのである。

これは，ラックスとセベニウスの唱える交渉者がもつべき原則に則った問題解決のための交渉プロセスである。彼らの主張するところの，交渉者がもつべき原則とは，公平であること，正当であること，受け入れ可能であること，倫理的であること，あるいは過去になされてきたこと，将来な

されるべきことという以上6点である。

　ここで利害について考えてみると，交渉の議論の中には1つ以上の利害が存在する場合が多く，基本的な人間の欲求や，価値観などを理解する枠組が，利害を理解するのに役立つと指摘する研究者が多い。たとえばジエラルド・ニーレンバーグは，マズローの欲求段階説を基本とした交渉の型を提案し，高度な欲求レベルでは，認知・尊敬・主張・自己実現などの欲求が優先するという交渉の型もあるが，生理的欲求，安全の欲求を満たす手段のひとつとして，交渉は利害とより深く関係してくるとしている。[13]

6．代替案の議論を成功させる法

　交渉のプロセスを分配型から統合型へと発展させるためには，交渉を解決に近づけていくための代替案が必要となってくる。こうした代替案を導き出すための議論を成功させるためには，以下のような4点に留意する必要がある。

　第1に，批判は創造的な考えを抑制してしまう場合が多いから，解決案を批判したり，評価することは避けるべきである。交渉者は，相手が自由に考えを，しかも全て出し終るまで，いかなる考えにも評価を下したり，規制はしてはならない。

　第2に，人間と問題を別にすべきである。これは，フィッシャー，ユーリ，パットンなど多くの研究者による指摘であって，効果的な問題解決のためには，交渉者は誰が解決案を提案したのかに目を向けるのではなく，その解決案自体に注目すべきである。

　第3に，ブレーンストーミングを活用する。最高の案というものは，会議が終わった後や，問題が解決された後に浮かぶことがよくある。こうした発想の契機を逃すことなく交渉に活かすためには，小人数のグループで

問題解決について自由な意見を出し合い，それを批判することなく記録していくブレーンストーミングの手法が有効である。ブレーンストーミングは，本来，突然の精神の錯乱とでもいう意味であり，集団で比較的長時間話し合っている中で，突然妙案が飛び出すという仮説にもとづいて，1941年に精神科医 A.F. オズボーンによって開発された問題解決のための一手法である。

　第4に，アウトサイダーの利用，あるいは部外者に尋ねるという方法もある。これは，特定の分野に関する問題解決法について，全くの門外漢が，これまで誰も気がつかなかった選択肢や可能性を提案する場合が多くあるという事実からきている。

　また代替案の議論を成功させるには，感情的にならずに理路整然と説明する必要がある。つまり理論的な説明方法で，自分の主張を説明し，次に，なぜならば（because）とその理由を述べ，さらにはいくつかの代替案について，長所（pro）と短所（com）を分析し，説明する。そして，現在交渉中に起こっている問題点を解決するために最も良い案を選び，その理由を説明して相手に理解をうながし，問題解決に持っていくのである。失敗に終わる交渉は，このような理論構成が明確でないためである場合が多いとされている。

　以上のように，ビジネスにおける交渉とは分配型から統合型へとそのプロセスを発展させていく必要があるということを示したわけであるが，ここで，交渉当事者双方に利益をもたらすよう展開される統合型交渉を成功に導く要因をまとめると，以下のようになる。

　すなわち，第1に共通の目標を持つこと，第2に自己の問題解決能力に自信を持つこと，第3に相手の交渉内容の正当性を信頼すること，第4に双方ともよい解決ができることを信じること，第5にそのために明快で的確な意思の疎通を図ること，の以上5点である。

7. 再交渉のための対応策

(1) ガス抜き理論（Discharged Effect）

交渉を行う過程では，交渉当事者間のある種の感情の高まりであるところのエモーションが生じ，互いのコミュニケーション能力が機能しにくくなり，結果として交渉が中断したり，場合によっては決裂してしまったりする。このような状況の打開に，中央大学総合政策学部佐久間賢教授は，当事者間のエモーションを静める，いわゆるガス抜き効果を発揮しうる方法のガス抜き理論，デシジョン・ツリー理論をあげている。

(1)の具体的方法としては，第1に時の経過を待つ方法，第2にインターミディアム（中間者）を利用する方法，第3にユーモアを使う方法の3つがある。このうち第1の方法は，交渉の途中にブレイク（小休止）を入れることによって，相手の攻撃するエネルギーを抜いてしまう方法である。また，第2の方法は，上述した"門外漢・部外者に尋ねよ"と同様に，交渉当事者間に中間者を入れることによって双方のエモーションが高まるのを防ぐ方法である。第3の方法は，交渉が行き詰まって重苦しい雰囲気が漂い始めた場合に，気の利いた「ジョーク」を使うことによって周囲の雰囲気を一変させ，対立関係の解消を図ろうとするものである。[15]

(2) デシジョン・ツリー理論

交渉には，タイミングとスピードが重要であり，特に，ビジネス交渉においては，速く，しかも正確な意思決定が必要とされている。交渉の停滞を防ぐための迅速な意思決定方法という意味で，デシジョン・ツリー（Decision Tree）の手法がある。

たとえば，図表7-2に示すとおり，交渉相手である交渉者Xが用意しているAという提案に対し，交渉者Yとして表されているこちらには，a1, a2, a3のという3つのリアクションが用意されており，BもしくはCの提案に対しても同様に対応していくという方法である。また，再交渉

に当たっては，事前にこのようなデシジョン・ツリー理論にもとづいたシミュレーションをしておくと，交渉が成功する確率がより高くなるとされている。[16]

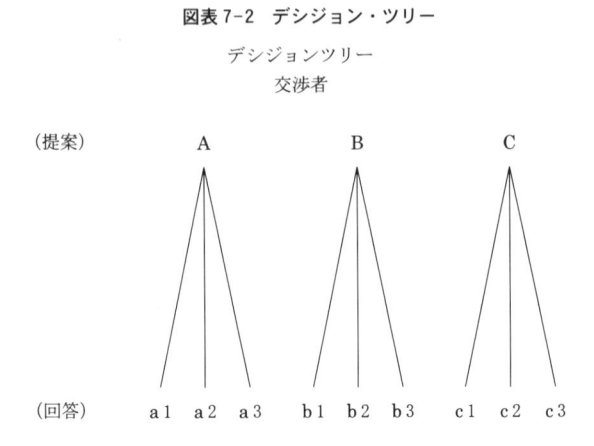

図表 7-2　デシジョン・ツリー

デシジョンツリー
交渉者

（提案）　　A　　　　B　　　　C

（回答）　a1 a2 a3　b1 b2 b3　c1 c2 c3

出所：佐久間賢著『交渉力入門』日本経済新聞社，1997年，130-131頁。

8．交渉相手の分析

　交渉の準備段階で一番重要なことは，交渉相手の情報を収集するという作業である。事前に収集しておくべき主要な情報としては，第1に交渉相手の現時点における資産，業績，希望している内容，第2に交渉相手の交渉をする目的と理由，第3に交渉相手の交渉態度とその評価，第4に交渉相手のBATNA，第5に交渉相手の論拠あるいは論理性，第6に交渉相手のとりそうな戦略と戦術，第7に交渉者の資質の以上7点である。[17]

　このうち第4の情報としてのBATNAとは，best alternative to negotiated agreementの略で，交渉する際に当初からの目的を達成するために用意してある代替手段のことで，たとえば，A者と交渉しているが，B者も用意する。A者がどうしてもB者の好条件に近づいてこなければA社を捨

て，B者をとる。これは，交渉が成功するための最も重要な概念とされている。第6の情報の中に含まれている戦術とは，マネジメント・サイクルでいうならば，do-seeに相当するものであって，次の計画を立てる場合に，短期間に，広範囲で高次元の戦略を想定したり促進するために計画される，現状での臨機応変な活動をいう。これに対し，戦略とは，戦術の方向性を決めるもので，安定かつ継続的に実行されるという性質を持つ。[18]

第7の交渉者もしくは交渉相手の資質については，上に列挙した6つの情報に深く関連していくことは明らかであり，具体的にいうと，第1に戦略的思考が可能なこと，第2にコミュニケーション能力に優れていること，第3に忍耐強くユーモアの資質など人間性に富んでいることなどが考えられる。[19]

【注・参考文献】
1) R.J. レビスキー，D.M. サンダース，J.W. ミルトン著，藤田忠監訳『交渉学教科書 今を生きる術』文眞堂，1998年，日本語版まえがき，1頁，佐久間賢著『交渉力入門』日本経済新聞社，1997年，4頁。
2) 佐久間賢著，同書，25-26頁。
3) R.J. レビスキー，D.M. サンダース，J.W. ミルトン著，藤田忠監訳，同書，1頁。
4) R.J. レビスキー，D.M. サンダース，J.W. ミルトン著，藤田忠監訳，同書，1頁。
5) 印南一路著『ビジネス交渉と意思決定』日本経済新聞社，2001年，1頁。
6) R.J. レビスキー，D.M. サンダース，J.W. ミルトン著，藤田忠監訳，前掲書，2-4頁を著者により修正，加筆。
7) R.J. レビスキー，D.M. サンダース，J.W. ミルトン著，藤田忠監訳，前掲書，5-6頁。
8) R.J. レビスキー，D.M. サンダース，J.W. ミルトン著，藤田忠監訳，前掲書，33-75頁。佐久間賢著，前掲書，39-40頁。
9) R.J. レビスキー，D.M. サンダース，J.W. ミルトン著，藤田忠監訳，前掲，40-42頁。
10) R.J. レビスキー，D.M. サンダース，J.W. ミルトン著，藤田忠監訳，前掲書，77-81頁。
11) R.J. レビスキー，D.M. サンダース，J.W. ミルトン著，藤田忠監訳，前掲書，84-85頁。
12) R.J. レビスキー，D.M. サンダース，J.W. ミルトン著，藤田忠監訳，前掲書，86-87頁。
13) R.J. レビスキー，D.M. サンダース，J.W. ミルトン著，藤田忠監訳，前掲書，90頁。
14) R.J. レビスキー，D.M. サンダース，J.W. ミルトン著，藤田忠監訳，前掲書，95-98頁。
15) 佐久間賢著『交渉力入門』日本経済新聞社，1997年，86-92頁。
16) 佐久間賢著，前掲書，130-131頁。
17) R.J. レビスキー，D.M. サンダース，J.W. ミルトン著，藤田忠監訳，前掲書，136-138頁。

18) R.J. レビスキー，D.M. サンダース，J.W. ミルトン著，藤田忠監訳，前掲書，115-116頁。
19) 佐久間賢著，前掲書，136-140頁。

Eye（愛）・Contact

★相互律的感覚に基づく交渉

　物事を順序だてて，つまり論理的に考えるための手法としての論理には，自同律と相互律（即非律）のふたつがあるとされています。自同律はイエスかノーかというような二者択一的な考え方で，厳密に言うとそうではないのですが，自分という存在を規定しているのはこの世の中で自分だけというような意識を，考える人につい植え付けてしまうことがあります。これに対し，相互律とは，自分の存在を規定しているのは，自分以外の人の存在であるという意識を呼び起こすもので，人間を含めた全ての存在は，他との関係の上にこそ成立するという考えの上に立つ論理です。政治のように利害の対立が多くある世界では，他者と相入れることのない，つまり，本筋から外れた自同律が，支配的になる場合が多いと言えます。ビジネスの社会も，自由競争の原則に則ってはいますが，自社の発展の影響を社会にも及ぼそうという経営思想が普及しつつある今日では，出来れば，相互律的感覚に根ざした交渉が，ビジネスマン同志の間でも，企業などの組織の間でも，頻繁に行われることが望ましいでしょう。

第8章

ビジネスマナーのためのスキル

1．マナー教育と環境教育

　環境教育は，今日，世界中の企業，政府の共通の課題となっている。わが国でも，政府や企業などの組織のレベル，あるいは非営利団体に所属する個人のレベルで，エコロジー運動やクリーンキャンペーンなどさまざまな運動が起こっている。

　たとえば脚本家・作家として著名な倉本聰氏が議長をつとめる『CCC（自然・文化創造会議 / 工場）』は，小中学校の子供たちを対象に，学校単位で「環境教育コンクール」に応募してもらい，コンクールで選抜された優秀校に対しては表彰とともに副賞として，環境政策の先進国ドイツへの招待を実施，現地での取り組みを実際に学んでもらおうとするものである。CCCのこれら一連の活動は，わが国の環境教育の現状を考慮して，よりよい環境教育への取り組み方を考え出すための支援をすることを目的としている。

2．教養とマナー

　教養という語句を辞書でひくと，"学問・知識を（一定の文化理想のもとに）しっかり身につけることによって養われる，心の豊かさ"となっている。さらに常識について調べてみると，"健全な一般人が共通に持っている，あるいは持つべき，普通の知識や思慮分別"とある。このように考

えると，健全で教養ある人は，当然のことながら，常識を備え，かつ，あらゆるマナーを身につけているべきであるということになる。

3．常識的なマナーとしてのビジネスマナー

かつて日本の場合は，村のオサ（長老）によって，人間のあるべき姿，守るべきマナーを教えられ，さらにそれが家庭という社会単位のなかで，親から子へ，子から孫へと伝播されてきた。それは村の発展であるとか永続性のための伝承という側面もさることながら，マナーを授けられる本人が成長した後にも世の中で普通の生活が送れるようにするための配慮でもあった。つまり，マナーは，基本的に人間関係を明るくするパスポートの役割を果たしているものであったといえる。

各人がマナーを守ることは，家庭生活を明るく，心の癒しの場とするものであるし，ビジネス社会においては，職場の人間関係をよくすると共に，取り引き先などに対しても好感をもたれることから，結果的に業績の向上や，ひいては会社の発展にも寄与することにもなるのである。[1]

(1) 社外でのマナー

今日の交通・道路事情を考えれば，車による通勤は考えられない。時間の正確さなどから電車・バスを利用している。多くの場合，最近では，若い女性であっても，乗車に際して順番を守らない，シルバーシートに着席する，車内で携帯電話を使って大声で話す，化粧をするというような行為を平然と行っている場面によく遭遇するのであるが，知ってのとおり，これらは絶対にやってはならないこと，厳に慎むべき行為であることはいうまでもない。

このように，バスや電車を利用しての通勤に際しては，昇降の順番，シルバーシートの利用，車内での携帯電話の取扱など，注意しなければならないマナーが数多くある。少なくとも昇降の順番を守り，年輩者や女性な

どを優先させるという行動は，会社内なら，たとえば，エレベータの場合を考えてみても，乗り降りは当然お客や上役が先になるなど，注意を要するマナーは多い。

(2) **タイム・イズ・マネー**

時間厳守は，ビジネス社会のもっとも基本的なマナーのひとつである。ビジネスマンたるもの，常に時は金なりの言葉の意味を理解しつつ，以下のような時間に関するマナーの励行は，最低限，心がけておくべきであろう。

第1に，出社時間に遅刻をしないように，決められた時間の少なくとも10分前には席につくように心がける。

第2に，会議の開始時間に遅刻しない。

第3に，取引先などとの約束時間を守る。

第4に，来客者の予定時間には必ず余裕をもって待機の姿勢でいる。

第5に，電話をかける時間も約束した時間にかける。

第6に，製品・商品などの納期を守る。

今日のように高度に発達した情報化社会においては，コンピュータのトラブル，電気系統の故障など予期せぬ事態の発生も想定される。したがって，約束の時間に間に合わないような事態になった場合には，いち早く先方に連絡をするべきである。連絡なしで5分遅れるより，連絡して10分遅れる方がマナーにかなっているのである。

(3) **出社から退社までのマナー**

①**服装と身だしなみ**

人間の第一印象は逢った瞬間から4分間以内に決まるといわれている。この第一印象を決定づける重要なポイントとなるのが服装と身だしなみであって，社員の服装や身だしなみが会社の第一印象も決めるとさえいわれ

ている。

　服装で第1に心がけるべきことはT・P・O（Time・Place・Occasion）である。機能的でしかもその場にあっていて，季節感のある色・柄・流行などのセンスの良い服装に心がけることが大切である。

　たとえば男性の服装と身だしなみについては，次のような点を常にチェックしておく必要がある。

　　◎Yシャツは，清潔でアイロンがきいてスーツの色とマッチしているか。
　　◎ヘアスタイルはととのっているか。フケはでていないか。寝グセはないか。
　　◎ネクタイはきちっと締めているか。
　　◎上衣のポケットが物でふくらんでいないか。人に逢うときは第1ボタンをかけるようにしているか。3つボタンの時は第1と第2ボタンをかけるようにしているか。
　　◎ズボンの折り目はキチンとついているか。
　　◎靴はよく磨いてあるか。スーツの色と合っているか。などである。

　また，女性の場合には，服装と身だしなみについて，以下のような点をチェックしておく必要があるだろう。

　　◎髪は，清潔であり，ヘアスタイルも自分にあっているか。長い髪は仕事中には結んでおくか，アップにしておくのが良い。
　　◎爪のマニキュアの色はT・P・Oを考えてつけているか。爪は長過ぎないか。
　　◎香水のあまり強烈なものは仕事中には避けるようにしているか。
　　◎スーツ・ブラウスの衿や袖口の汚れはないか。肩にフケはないか。

◎ストッキングの伝染はないか。
◎靴のヒールは適当か。いちばん体に負担がかからず動き易い高さは3cm～5cm位といわれている。
◎バック類もT・P・Oに心がけているか。

②**あいさつのマナー**

人間関係のはじまりは"あいさつ"からと言われている。上述した服装と身だしなみの場合と同様に，以下に示すようなT・P・Oに応じた適切なあいさつを使い分けることによって，社内社外を問わず良好な人間関係を形成することが可能となる。

◎朝の出社に際しては─「おはようございます」
◎外出するときには─「行ってまいります」
◎外出する同僚・先輩には─「行ってらっしゃい」
◎帰社した同僚・先輩には─「お疲れさまでした。お帰りなさい」
　注）目上・上司には「ご苦労様でした」「お疲れ様でした」は使わない。
◎応接室などへ入室・退室のときには─「失礼いたします」
◎取引先・顧客には─「いつもお世話になっております」
◎退社する場合，上司・先輩には─「お先に失礼します」

(4) **ビジネス用語の基本的マナー**

ビジネス社会では，的確な言葉遣いができる人が"仕事のできる人"としての高い評価を与えられることが多い。これは相手の立場を認識して即座に相手に好印象を与える言葉を使用する能力があると判断されるためである。

①**敬語の使い方**

敬語には「尊敬語」「謙譲語」「丁寧語」の3種類がある。

イ．尊敬語

尊敬語は，自分より立場が上の人と接するとき，相手や相手側に関

係のある人，相手の動作・状態を表現するのに使う敬語である。たとえば「お客様」・「そちら様」・「お父様」・「お子様」などである。「お宅様」・「あなた様」は使用しないほうが良い。

　また，自社の上司に対して「部長様」「課長さん」とは言わない。この場合，社外の部長・課長に対しては，「○○部長さんをお願いします」などと「様」「さん」をつける。例外として自社の上司の家族に対しては，「○○部長さんは，ただ今席をはずしております」などと「様」「さん」をつけるのがマナーである。

ロ．謙譲語

　謙譲語は，自分より立場が上の人と接するとき，自分および自分に関係する動作・状態・家族などに対してへりくだった表現をするのに使う敬語である。たとえば，社外の人に対しては，「○○は，ただいま席をはずしております」という表現を使う。また，「言う」を「申し上げる」，「見る」を「拝見する」，「食べる」を「いただく・ちょうだいする」などと表現する。

ハ．丁寧語

　丁寧語は，会話自体を丁寧なものにして，話し相手に敬意を表すものである。「お話」「ご遠慮」などのように，接頭語の「お」「ご」など付けたり，語尾を丁寧に表して「〜ます」「〜ございます」などの表現を用いる。

②ビジネス敬語のＴ・Ｐ・Ｏ

イ．社内の場合

　　◎はい，かしこまりました

　　◎承りました

　　◎ご報告申し上げます

　　◎〜へ行って参ります

　　◎ご覧になりますか

◎こちらでよろしいでしょうか

◎お願いいたします

◎申し訳ございません

◎お先に失礼いたします

◎いかがでしょうか

◎どのようになりましたでしょうか

◎お客様がお見えになりました

ロ．電話の場合

◎あいにく○○は席をはずしておりますが

◎どのようなご用件でしょうか

◎お差し支えなければご用件を承りましょうか

◎替わりの者ではいかがでございますか

◎４時ごろには終わる予定でございます（会議など）

◎承知いたしました。たしかに申し伝えます

◎失礼ですがどちら様でいらっしゃいますか

◎お電話をいただけませんでしょうか

◎いまお時間よろしいでしょうか

◎すぐお電話差上げるように申し伝えます

◎改めてお電話させていただきます

◎電話があったことをお伝えください

◎申し訳ございません，もう一度お聞かせいただけますでしょうか

◎では復唱させていただきます

ハ．お客様・取引先などの場合

◎いらっしゃいませ

◎お待ち申し上げておりました

◎ご案内いたします

◎お忙しいところお越しいただきありがとうございました

◎お忙しいところお呼び立てして申しわけございません
◎失礼ですがどちら様でいらっしゃいますか
◎こちらでお待ちになってくださいませ
◎失礼ですが，どのようなご用件でしょうか
◎かしこまりました
◎○○はただ今すぐに参ります
◎申し訳ございません
◎私，○○がたしかにうけたまわりました
◎お預かりいたします
◎ご都合はいかがでしょうか
◎そのようにお願いいたします
◎いつ頃がよろしいでしょうか
◎○○様にお目にかかりたいのですが
◎○○様はいらっしゃいますか
◎おっしゃるとおりでございます
◎私ではわかりかねます
◎恐れ入りますが，それはいたしかねます
　　＊わかりません・できませんはひびきが強く感じが悪いことから上記のようにソフトな言葉づかいがのぞましい。

(5) その他のマナー
①名刺交換のマナー

　名刺は16世紀から使用されているというが，わが国では特に名刺社会といわれるように名刺の交換は頻繁に行われている。ビジネスマンにとって名刺は必携のツールであり，その人間の分身である。したがって，常に10枚以上の名刺は用意しておくべきである。名刺に関する基本的なマナーとしては以下のようなものがある。

◎名刺は訪問した側から，また目下の者から先に出す。

◎複数の相手に出す場合は，まず肩書きの上位者あるいは目上の人から。

◎名刺を渡す際には必ず立ち上がって，自分の右手から相手の手に直接渡すのが原則である。

◎相手に対して読みやすい向きで，また指で文字がかくれないように端を持ってわたす。

◎自分の名刺を差し出すときも，また，相手の名刺を受け取るときも，必ず両手を添えるようにする。

②おじぎのマナーとT・P・O

イ．会釈（上半身の傾きは15度位）

社内などで，上司や先輩とすれ違ったとき，視線は1.5m位の先を見る感じで曲げる。

ロ．礼（上半身の傾きは30度位）

上司・得意先・目上の人に敬意をもって行う礼。視線は50から60cm先，手はズボンの縫い目に中指がかくれる感じの礼。

ハ．最敬礼（上半身の傾きは45度位）

社会的ステータスの高い人・お得意先へのお見送り・大事なお願いをするときや自分のミスや過ちをおかしたときなどの謝罪の意を表すときなどの礼で視線は足元におちる感じ。

③会議でのマナー

環境の変化の激しい現在，会議はさまざまな形で殆ど毎日のように行われている。効果的な会議を行うには，参加者の人選や目的意識の高揚，事前の準備などに加えて以下のようなマナーが大切である。

イ．会議出席のための心構え

◎何の会議か・テーマ・目的を把握しておく。

◎会議資料に予め目を通しておく。

　　　　◎時間厳守のこと。
　　　　◎発表者の意見を素直に聞く。
　　　　◎質問は本筋からはずれてはならない。
　　　　◎個人攻撃的な発言をしない。
　　　　◎会議中はキチンとメモをとる。
　　　　◎議長の会議運営に協力する。
　　　　◎会議の目的のために協力する。
　　ロ．効果的な会議の進め方
　　　　◎まず会議の目的を明確にする。
　　　　◎会議の目的に応じて人選をする。人数は10人程度にする。
　　　　◎懸案事項についてのレジュメを作成し，人数分用意する。
　　　　◎会議用具の準備。OHP・ビデオなど事前に点検し，試しておく。
　　　　◎出席者全員に意見を聞く。
　　　　◎終了時間を定めておく。
　　　　◎議事録の作成をする。
　④訪問のマナー
　取引先の企業を訪問する場合も，また，個人宅を訪問する場合でも，以下のようなマナーを守るよう心がけるべきである。
　　　　◎事前に必ず訪問の約束（アポイントメント）をとる。
　　　　◎アポイントメントの時間より早過ぎないこと。
　　　　　約束の時間に丁度，あるいは5分過ぎくらいが訪問のタイミングとしては適当であり，これ以上遅れる場合には，必ず連絡を入れておく。
　　　　◎靴を脱いで個人宅に上がる場合には，玄関で進行の方向に向かって靴を脱いで，あがった後振り返って膝を突いて靴の向きを変え，左右どちらかの端に置く。

◎コート類は玄関に入る前に脱いでおく。

◎上座を進められても，最初はその席の端に座る。

◎日本間の場合，挨拶は座布団をはずしてからすること。会食の途中でスピーチを求められた場合に，座布団の真中に立って話す人を見かけるが，これもマナーに欠ける行為である。洋間での挨拶は，椅子から立ってする。

◎お土産がある場合には，袋から出して挨拶のときに渡す。

(6) プロトコール（Protocol：国際儀礼）
①基本的精神と最小限のルール

日本のビジネスマンもグローバル化時代の今日，国際社会での活動の機会がますます増えてきている。

プロトコールとは，国家間の公式儀礼の意味であり，個人のマナーと同様に，国際社会においてビジネス活動をする上で非常に重要な基本的マナーということができる。その根本には，相手を尊敬し，相手に好感を与え，相手に迷惑をかけないという3つの基本的精神が貫かれており，これらは，個人としても，また，社会人としても当然守るべきマナーの基本であるといえる。この意味で，プロトコールは国家間，企業間，個人間などさまざまな国際交流のレベルでの，人間関係を円滑に形成するための，いうなれば潤滑油の役割をもっており，次のような最小限のルールに則って，行われるものということができる。

すなわち，第1にRank Conscious＝序列への配慮，第2にLady on the Right＝女性を男性の右側，上位に置く，第3にReciprocity＝相手の儀礼に対して相応の儀礼を返す（公式晩餐会のお返しとして答礼晩餐会など），第4にLocal Customs Respected＝その国，その土地の慣例に従う，という以上4点である。[2]

以下には，プロトコールの具体的内容を概説する。

②会食・パーティーの席順

　国際的なビジネス活動のなかで，会食やパーティーは必ずといってよいほど開かれるものであるから，それぞれの国の慣例を熟知した上で，参加や招待に際しては，慎重な配慮が必要となる。

　会食の席順は，たとえばフランス式（図表8-1），英米式（図表8-2），日本間の場合（図表8-3）に示すとおり，それぞれの慣習や，食卓の形状，女性同伴の有無などによって，微妙に異なってくるから注意を要する。

　また，宴席での話題も，政治や宗教の話などは出来るだけ避けるようにするなどの配慮が必要であるし，主賓をもてなすホストの役割をはたす場合には，宴席をいかに楽しく，有益な会食の場とするかによって，その人のある種の力量が試されることになる。

図表8-1　会食・パーティの席順　フランス式

1）婦人を同伴しない場合

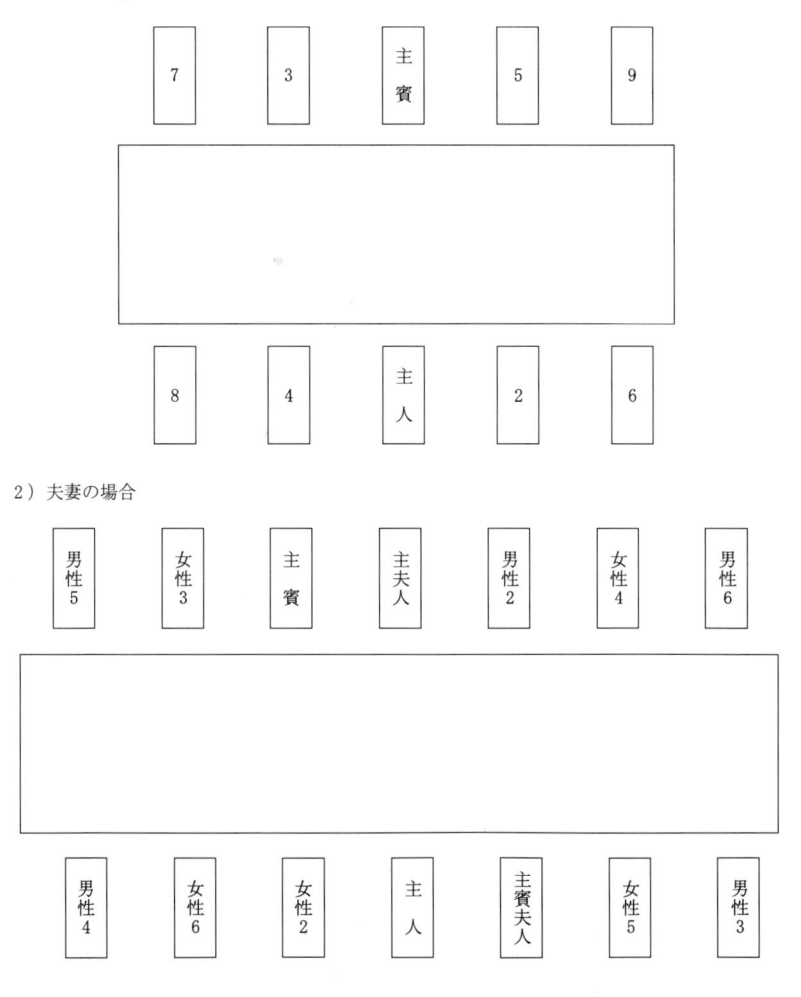

| 7 | 3 | 主賓 | 5 | 9 |

| 8 | 4 | 主人 | 2 | 6 |

2）夫妻の場合

| 男性5 | 女性3 | 主賓 | 主夫人 | 男性2 | 女性4 | 男性6 |

| 男性4 | 女性6 | 女性2 | 主人 | 主賓夫人 | 女性5 | 男性3 |

入　口

＊端は男性が坐ること

出所：外務省外務報道官編集『国際儀礼に関する12章—プロトコール早わかり』財団法人世界の動き社，1999年，77頁。一部著者加筆。

図表 8-2　会食・パーティの席順　英米式

1）婦人を同伴しない場合

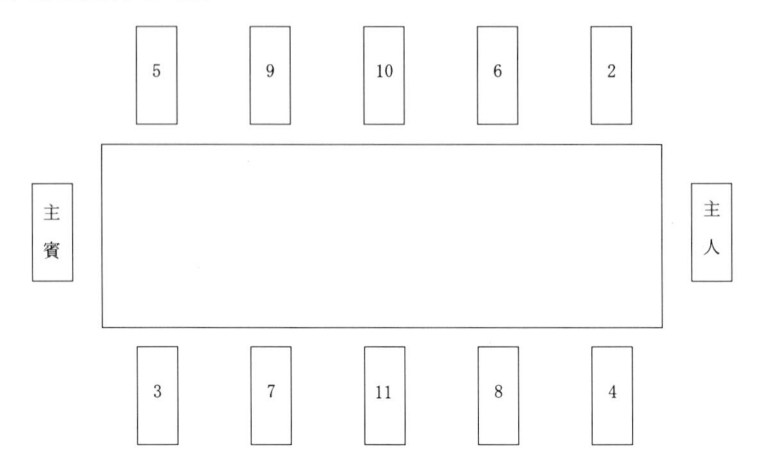

	5	9	10	6	2	
主賓						主人
	3	7	11	8	4	

2）夫妻の場合

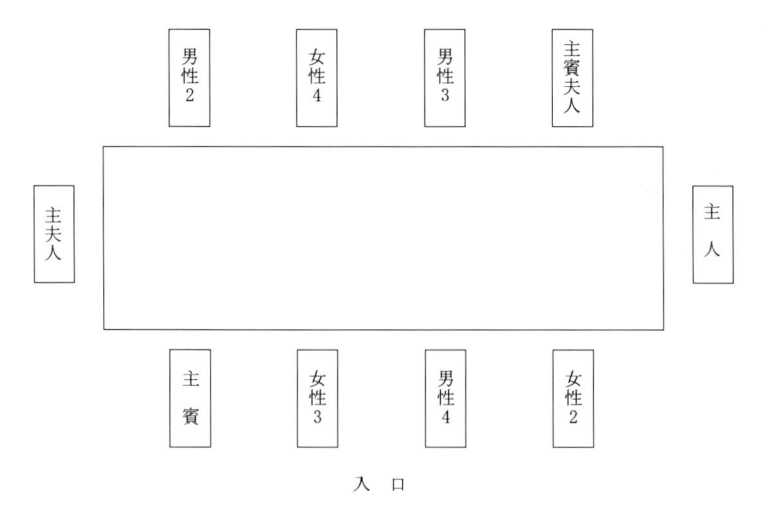

	男性2	女性4	男性3	主賓夫人	
主夫人					主人
	主賓	女性3	男性4	女性2	

入　口

出所：外務省外務報道官編集『国際儀礼に関する 12 章—プロトコール早わかり』財団法人世界の動き社，1999 年，78 頁。一部著者加筆。

第8章　ビジネスマナーのためのスキル　153

図表8-2　会食・パーティの席順　英米式（つづき）

3）丸テーブルの場合

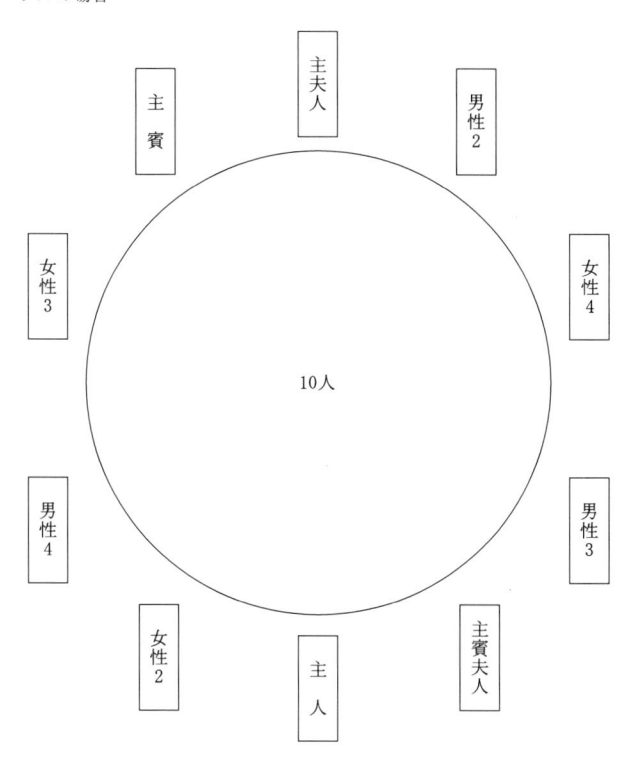

```
                主夫人
        主賓            男性2
    女性3                    女性4
                10人
    男性4                    男性3
        女性2            主賓夫人
                主人

                入　口
```

出所：外務省外務報道官編集『国際儀礼に関する12章―プロトコール早わかり』財団法人世界の動き社，1999年，79頁。一部著者加筆。

154　第Ⅱ部　実務編

図表 8-3　会食・パーティーの席順　日本間

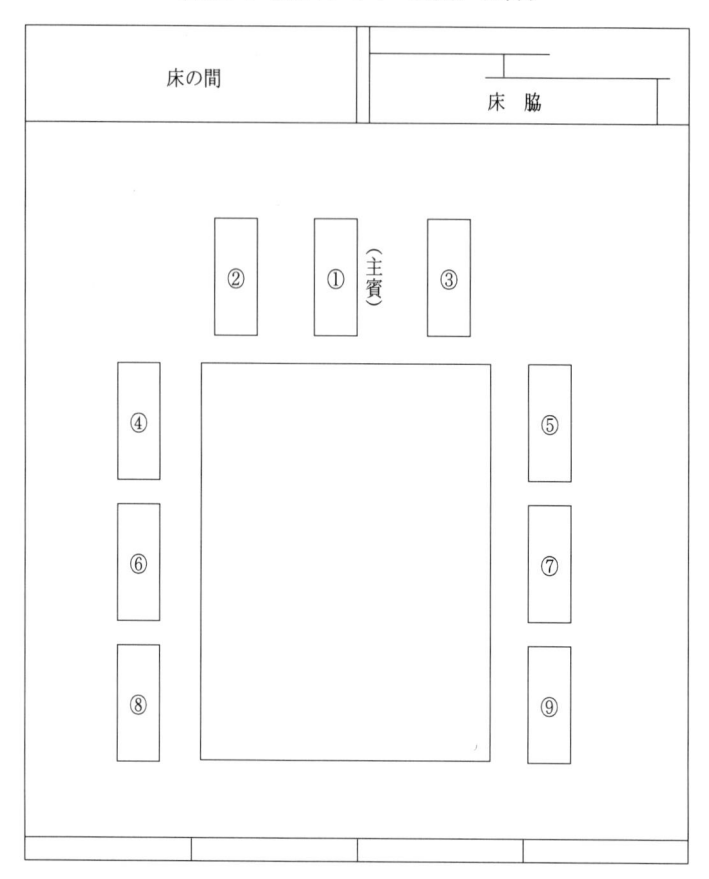

```
┌─────────────────────┬──────────────┐
│      床の間         │   床　脇     │
├─────────────────────┴──────────────┤
│                                    │
│      ②    ①(主賓)   ③            │
│                                    │
│   ④    ┌──────────┐    ⑤         │
│        │          │              │
│   ⑥    │          │    ⑦         │
│        │          │              │
│   ⑧    └──────────┘    ⑨         │
│                                    │
└────────────────────────────────────┘
```

出所：武田秀子・能登洋子・松井弘子・三村善美著『新秘書・ビジネスワーク論』早稲田教育出版，1998 年，221 頁に著者加筆。

③国旗掲揚の原則

国旗掲揚は，日の出（または会議など始業時）から日没（または終業時）まで。

屋外で他国旗を揚げる場合は外側から見て左側に掲揚し，国旗のサイズ，旗竿の高さは各国同一にする。（図表8-4）

複数の国旗を掲揚する場合には，国連方式による国名の順序にしたがい，たとえば，国名のアルファベット順に左端から並べるか，また自国旗を中心にアルファベット順にする。（図表8-5）

卓上旗の場合は，賓客国旗が，賓客側から見て左手前側へくるようにする。いずれの場合も国連旗，五輪旗は優先される。（図表8-6）

公式席上での国旗掲揚や国歌演奏中は，飲食や歩行を中止するとともに，脱帽，起立し姿勢を正して目礼などで敬意を表すのがマナーである。

156　第Ⅱ部　実務編

図表 8-4　国旗掲揚の原則　その1

☆門の内側から見て右側，外側から見て左側に。

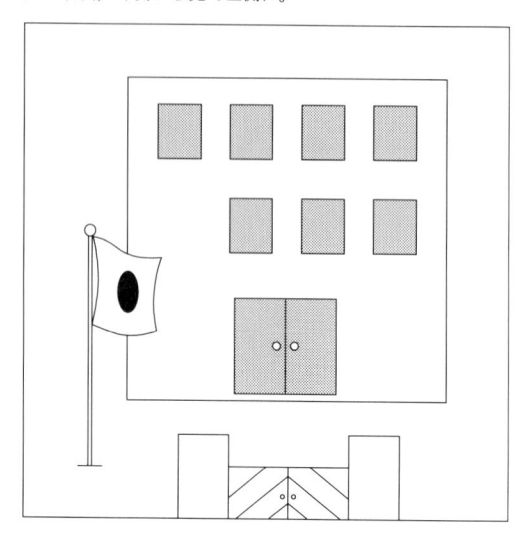

☆一本のポールに複数の国旗を掲揚するのはマナー違反。
☆国旗の高さは揃えて，ポールの先端まで来るようにする。

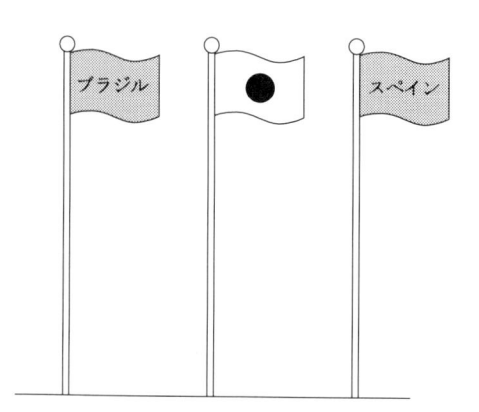

出所：外務省外務報道官編集『国際儀礼に関する 12 章―プロトコール早わかり』財団法人世界の動き社，1999 年，120・130 頁，武田秀子・能登洋子・松井弘子・三村善美著『新秘書・ビジネスワーク論』早稲田教育出版，1998 年，217 頁に著者加筆。

第8章　ビジネスマナーのためのスキル　157

図表 8-5　国旗掲揚の原則　その 2

1）4 カ国以上の国旗を掲揚する場合はアルファベット順にする。

| Brazil | Canada | Finland | Japan | U.S.A |
| ブラジル | カナダ | フィンランド | 日　本 | 米　国 |

2）国旗の数が奇数の場合には自国旗（この場合は日の丸）を中央にし，外国旗をアルファベット順に左右交互に配置する。

| Finland | Brazil | Japan | Canada | U.S.A |
| フィンランド | ブラジル | 日　本 | カナダ | 米　国 |

出所：外務省外務報道官編集『国際儀礼に関する12章―プロトコール早わかり』財団法人世界の動き社，1999 年，124 頁。

図表 8-6　国旗掲揚の原則　その 3

(1)相手国に敬意を表する意味で，門の外側から見て自国旗が右側にくるようにする。

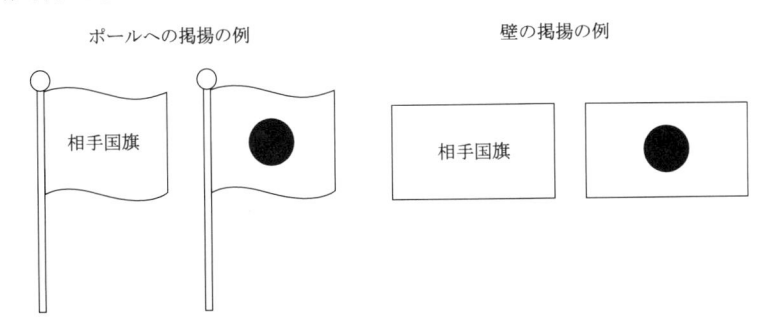

　　ポールへの掲揚の例　　　　　　　　壁の掲揚の例

| 相手国旗 | 日本 | 相手国旗 | 日本 |

☆三脚を使用する場合には，旗の端が地面や床に触れないように注意。
☆国旗とそのほかの旗（団体旗，優勝旗など）の併揚は原則として避ける。
☆併揚する場合は，国旗はその他の旗より大きめにし，高く掲揚する。

(2)卓上旗の例

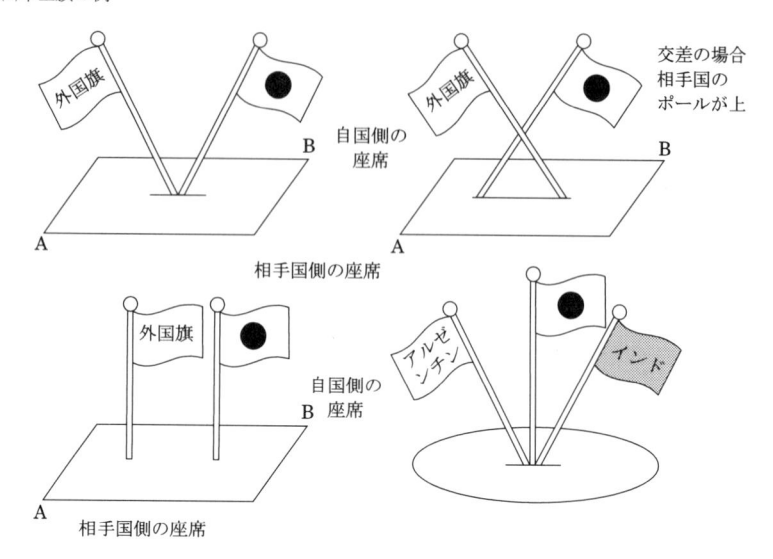

出所：外務省外務報道官編集『国際儀礼に関する12章―プロトコール早わかり』財団法人世界の動き社，1999年，120-135頁。一部著者加筆。

④行事別の服装のマナー

服装は，相手国の慣行に従い，T・P・Oにあわせる。（図表8-7）

図表 8-7 行事別に見た服装マナー（昼・夜）

行事別の服装	男子服	婦人服 洋服	婦人服 和服	備考
正式夜会服	ホワイト・タイ（燕尾服） 白チョッキ 白蝶ネクタイ 胸のかたい白いシャツ 立ち衿 白皮手袋 黒絹靴下 黒エナメル靴 シルクハット	ロング・イブニング・ドレス アクセサリー（指輪・イヤリング、ブレスレット、ネックレス、ブローチ、宝石） 白または洋服と合った色の長手袋 金、銀の布地靴 金、銀糸またはビーズのハンドバッグ 帽子は不要	色留袖、三つまたは一つ紋 白衿（白重ね） 丸帯または袋帯 帯留（金具、宝石） 金、銀糸またはビーズの小型ハンドバッグ 派手な布草履	昼間の儀式には、男性は黒いチョッキ
略式夜会服	ブラック・タイ（スモーキング・タキシード） 黒絹のカマーバンドまたは黒のチョッキ 胸にひだのある白いシャツ ダブル衿 黒絹靴下 黒エナメル靴 黒ソフト	ロング・イブニング・ドレスまたはディナー・ドレス アクセサリー（指輪・イヤリング、ブレスレット、ネックレス、ブローチ、宝石） ドレスの長短に応じた長さの皮手袋 金、銀の布地靴 金、銀糸またはビーズのハンドバッグ 帽子は不要	色留袖、三つまたは一つ紋 白衿（白重ね） 丸帯または袋帯 帯留（金具、宝石） 金、銀糸またはビーズの小型ハンドバッグ 派手な布草履	
礼服	モーニング 縞ズボン 結び下げまたは蝶型ネクタイ 黒チョッキ 白シャツ ダブル衿 グレーの皮手袋 黒靴下 黒短靴 シルクハット	ロングドレス（ローブ・モンタント） またはデイ・ドレス（ワンピースまたはアンサンブル・スーツ） アクセサリーは随意 短い皮手袋 靴はパンプス 帽子は随意	色留袖、三つまたは一つ紋あるいは訪問着 白衿（白重ね） アクセサリーは随意 丸帯または袋帯 普通草履	
訪問用平常服	黒系統の背広 ネクタイ（結び下げ） 白シャツ ダブル衿 皮手袋（グレーまたはその他の色） 黒靴 ソフト	アフターヌーン・ドレス アクセサリーは随意 皮手袋 普通の靴 帽子	訪問着 アクセサリーは随意 白衿 普通草履	
葬式	モーニングまたはダークスーツ 黒ネクタイ 白シャツ ダブル衿 黒またはグレーの皮手袋 黒靴下 黒靴 シルクハット	黒ローブ・モンタントまたは黒デイ・ドレス 黒手袋 黒靴下 黒帽子 （黒の紋章）	黒紋付 白衿 黒い帯 黒い帯締め 黒手袋 黒色草履	

出所：外務省外務報道官編集『国際儀礼に関する12章—プロトコール早わかり』財団法人世界の動き社, 1999年, 187-189頁。

(7) **日本古来の伝統的礼法**

　グローバル化の著しい今日，いかにプロトコールなど他国のマナーに通じていても，自国の文化にも精通し，その一環である日本古来の伝統的礼法にも通じていなければ，本当の意味での国際人とはいいがたい。

　諸外国の人々の中には，日本の伝統文化について，非常に深い造詣をもつ人もいるし，また，知識は乏しくとも高い関心を持ってそれを吸収したいという姿勢の人もいるのである。この意味で，国際的なビジネスの社会に雄飛しようとする日本のビジネスマンは，芸術を含む日本の歴史，国の有り様，伝統などについて，より広範な知識と話題とを修得するように心がけるべきであろう。

　特に，礼法の分野では，わが国には数多くの伝統的礼法が多く伝承されており，以下に述べる小笠原流と小堀遠州流はそれらの中でも代表的なものといえる。[3]

①**小笠原流**

　　武家礼法の一流派で，室町時代に小笠原長秀により定められ，江戸幕府の礼法として採用された。本来，馬術，弓道，礼法の三法を基本とする七冊から構成されているが，後に民間にも普及し，特に女子の教養の一つともなった。

②**小堀遠州流**

　　近江出身の江戸初期の茶人・造園家で茶道遠州流の祖，小堀政一によって定められた礼法で，主に茶道の立居振舞を中心としている。

　これらの礼法に対しては，一般的に堅苦しいイメージを抱く人が多いが，実際はそうではない。なぜならば，小笠原流は武道を，小堀遠州流は茶道をそれぞれ出発点として，どちらも，基本を人間の動線においているため，動作のムダのない，しかも美しい身のこなし，つまり，合理的に計算された人間の動線の美しさを表現することができるからである。

第8章 ビジネスマナーのためのスキル　161

　この章を締めくくるに当たり，主に接客を中心とするビジネスマナーの集大成として，ザ・リッツ・カールトン大阪の事例を紹介したい。
　同ホテルチェーンは，アメリカ，ジョージア州アトランタに本社を構え，そのルーツには，1898年伝説のホテル王とよばれるセザール・リッツにより，「旅人が心からくつろげる場所」としてのホテルという経営理念のもとにパリにホテル・リッツを開業したことに求められる。その後，イギリスのカールトン・ホテルと提携し，リッツ・カールトンを設立，1983年にW.B.ジョンソン・プロパティ社に全米での商号使用権が売却され現在のザ・リッツ・カールトン・ホテルカンパニーL.L.C.となり，世界45ヵ所の支店網を誇る高級ホテルチェーンとなった。
　このホテルの経営理念は，創業者リッツのそれを受け継ぎ，第1に顧客に「もうひとつの我が家」を提供すること，第2に室内の家具，調度品は誰もが憧れるような18世紀ヨーロッパ調の豪華なものを用いること，など一貫して高級志向を貫いており，また，将来のビジネスのビジョンにおいても，今後7年以内に最高級の品質という意味でのラグジュアリ・トラベル・ホスピタリティ商品およびサービスの提供において世界一となる目標を掲げている。

サービスの3ステップ	"We Are Ladies and Gentlemen Serving Ladies and Gentlemen"	従業員への約束	クレド
1 あたたかい，心からのごあいさつを。お客様をお名前でお呼びするよう心がけます。　2 お客様のニーズを先読みしおこたえします。　3 感じのよいお見送りを。さようならのごあいさつは心をこめて。できるだけお客様のお名前をそえるよう心がけます。		リッツ・カールトンではお客様へお約束したサービスを提供する上で紳士・淑女こそがもっとも大切な資源です。信頼，誠実，尊敬，高潔，決意を原則とし，私たちは，個人と会社のためになるような才能を育成し，最大限に伸ばします。多様性を尊重し，充実した生活を深め，個人のこころざしを実現し，リッツ・カールトン・ミスティーク(神秘性)を高め，リッツ・カールトンでは，このような職場環境をはぐくみます。	リッツ・カールトン・ホテルはお客様への心のこもったおもてなしと快適さを提供することをもっとも大切な使命としております。私たちは，お客様に心あたたかく，くつろいでそして洗練された雰囲気を常にお楽しみいただくために最高のパーソナル・サービスと最高の施設を提供することをお約束します。リッツ・カールトンでお客様が経験されるもの，それは，感覚を満たすここちよさ，満ち足りた幸福感そしてお客様が言葉にされない願望やニーズをも先読みしておこたえするサービスの心です。

提供：ザ・リッツ・カールトン大阪。

さらに、接客を中心とする従業員のマナーについては、紳士淑女におも
てなしする私たちも紳士淑女です、というモットーにもとづいて、行動基
準となる 20 の具体的項目を表した「クレド・カード」という 4 つ折名刺
大のカードを作成し、全社員はこれを常に携帯し、会社と個人の目標達成
のための指標としているのである。

【注・参考文献】
1) ビジネスマナーについては、以下の文献に著者の意見を交えて、独自に構成。
　　山田敏世監修『一歩先ゆくビジネスマナー』永岡書店、2001 年。
2) プロトコールについては、外務省外務報道官編集『国際儀礼に関する 12 章―プロトコール早分かり』
　　財団法人　世界の動き社、1999 年を中心に、武田秀子・能登洋子・松井弘子・三村善美著
『新秘書・ビジネスワーク論』早稲田教育出版、1998 年、215-221 頁等の資料より、著者の
意見を加えて再構成した。
3) 『日本語大辞典』講談社、1989 年より抜粋。

Eye（愛）・Contact

★マナーと環境教育

　野口　健氏が、世界 7 大陸最高峰登頂に成功した最年少の記録を誇る登山家であることはあまりにも有名です。現在、野口氏はチョモランマ清掃登山を行っています。現地では、日本の登山者が投棄していったものと思しき酸素ボンベなどのゴミが目立つことが、氏の活動の発端であったというのです。氏はまた、日本の美しい富士山が世界の名山に残らなかったのは、登山者が投棄するゴミによってあまりに汚れているからではないかとも考えています。これでは、日本は経済一流、マナー三流国だと諸外国から揶揄されても仕方がない。このような視点から、氏は今後の日本における環境及びマナー教育の急務と重要性を述べています。

第9章

ビジネス文書のためのスキル

1. ビジネス文書の重要性

　ビジネス社会における"ビジネス文書の必要性"は，IT社会の今日においてさらに重要視されるようになってきている。ビジネスを迅速かつ正確に運営し，この流れを記録した証拠としても活用できるツールとして，ビジネス文書の重要性と必要性はさらに注目の度合いを増してきているといえる。この意味で，ビジネス文書は，企業の内外に対して，信用と発展をもたらす重要な役割をもっている。

　ビジネス社会においては，情報伝達の主流は「文書」である。すなわちビジネス文書における文書表現は，証拠の残るコミュニケーションとして，ビジネス社会に生きるものにとっては必要不可欠な情報伝達のための媒体手段であるということができる。

　ビジネス文書とは，ビジネスの場において作成・発信されるさまざまな公式文書や手紙類の総称を意味する。ビジネス文書は作成・発信した時点において，それを受け取った企業あるいは個人に対して公的な責任が同時に発生するものである。このため，ビジネス文書（特に社外文書）は一般文書と異なり，企業という組織から発信されることから，たとえ個人名で発信されたものであっても，文書作成者の所属する企業からの発信と同義に受け取られる性質をもっている。

　したがって，文書作成者は，決して誤字脱字は勿論，フォーマットの間

違いなどをしてはならない。ビジネス文書にこれらの誤りがあった場合，その作成者の意識がうたがわれるだけではなく，先にも述べたように，企業そのもの，組織そのものの良識が疑われるばかりでなく，最悪の場合には信用の失墜にもつながりかねないのである。優れた文書作成のスキルをもつことは，これもまたビジネスマナーの大事な要素のひとつである。

2．ビジネス文書の種類

ビジネス文書には，社内だけに流通する「社内文書」と社外に向けて発信する「社外文書」の2種類がある。

図表 9-1　社内文書と社外文書

主な社内文書		
指令		通達・指示＝会社組織に向けた命令伝達
命令		指示書＝業務運営の支持を行う
		事例＝人事に関する内容を伝える
上申		稟議書＝会社に提出する実施案など
報告		上申書＝決裁権限のない事項の決裁の要求
届出		企画書・提案書＝企画案や計画案を提起し，決裁を要求
	文例(2)	報告書＝出張などの結果報告，意見の提案，課題に対する感想，研究成果の発表
	文例(3)	議事録＝委員会，各種会議，株主総会などの議事の記録
		各種届出書＝休暇，欠勤など会社に対する各種の届出書
	文例(4)	顛末書・始末書＝事故などの理由説明と陳謝
		進退伺・辞表＝辞意の表明
連絡	文例(1)	通知状・連絡状＝会議などの開催の知らせ
調整		照会状・依頼＝商品，情報の依頼や問い合わせ
		回答文＝照会に対する回答
		回覧文・提示文＝行事開催などの連絡
	文例(5)	連絡・伝言メモ＝電話や来訪者などの伝言
記録		各種帳票＝業務，経理関連のデータ
保存		統計＝売上高などの各種統計データ

主な社外文書		
社交		挨拶状＝役員改選，新築落成，支店開設，組織変更人事などの挨拶
儀礼	文例(1)(2)	案内状＝特約店セミナー，展示会開催などの案内
		礼状・感謝状＝招待，紹介，祝い，見舞いなどへのお礼と感謝
		紹介状＝新製品，知人，関連業者，新任社員などの紹介
		見舞状＝暑中，寒中，入院，事故，火災などのお見舞い
		弔慰状＝取引先などへのお悔やみ
取引		通知状＝採用，店舗移転，臨時休業，日程変更などの通知交渉事項
		勧誘状＝視察会，出展，入会，旅行などへの勧誘
交渉		照会状＝人事，在庫，資料，調査結果などの問い合わせ
		依頼状＝求人，見積もり，送付，販売協力などの依頼
		注文・申込状＝商品，予約，求人などへの注文，申込
	文例(3)	督促状・請求書＝納品，返金，納入，注文品などの督促，請求
		交渉状＝契約条件，値引き，変更などに対する交渉
		承諾状＝交渉，依頼，受注，返済などに対する承諾
		申請・届出書＝関係官公庁への申請，届出
		契約書・領収書・委任状＝取引にともなう契約，領収，委任
		営業企画書＝取引先，見込み客などへの企画案提出
		断り状＝申し込み，依頼，勧誘，参加などへの断り
		詫び状＝不良品納入，商品破損，納期遅延などへのお詫び

出所：日本経済新聞社編『ビジネス文書術』日本経済新聞社，1997年，17頁に著者一部加筆。

(1) **社内文書**

社内文書とは，企業内でやりとりされる文書で，内容的には以下の3種類に大別される。

　①上司から部下に対しての文書：
　　(例)辞令・指示・通達・報告・連絡（文例5）・通知（文例1）など。
　②下位者から上位者に発信（主に伺い）する文書：
　　(例)稟議書・提案書・報告書（文例2）・始末書（文例4）・各種届出書・議事録。（文例3）

③各部署間の横断的コミュニケーションを良好なものにするための連絡事項などの文書：

(例)会議連絡状，照会状，回覧文，業務遂行依頼書など。

社内文書は，企業内文書であるから，儀礼内的な頭語・前文・末文・結語などは不要である。社内文書は，多忙な上司や同僚が理解しやすいように，事実や用件を正確に表現し，簡潔かつ迅速に作成することが重要である。

このためには，1つの社内文書には1つの内容しか記載しないようにするという「1文書1件主義」の原則を貫くことが大切である。

(例)「モーターショー参加社員の推薦について（依頼）」と「14年度業務計画案の提出について（指示）」の2つの内容を一文書に書くなどしてはならない。

また，業務報告書や営業日誌など頻度の高い文書はフォーマット化して印刷しておくと時間の節約になり，またファイリング・コピーに便利である。

社内文書の文例

文例(1) 通知文

総第○○○号平成
14年3月22日

部課長各位

総務部長

<u>部課長会議（通知）</u>

　下記のとおり，月例部課長会議を開催しますので，ご出席下さい。

記

1. 日時　○月○日（月）
　　　　午後3時から午後4時まで
2. 場所　本社ビル12階第1会議室
3. 議題　△△支店開設に関する計画案の検討

　なお，×月○日（金）までに計画案に関連する資料を配布しますので，事前に検討方お願いします。

以上

出所：杉田あけみ著『ビジネス文書の書き方・作り方』中央経済社，1991年，100頁を参考に著者加筆。

文例(2)　報告書

平成14年3月22日

営業部次長殿

営業部販売促進課
○山×夫

第12回　ITビジネス視察レポート

　去る平成14年3月17日，営業部販売促進課の課員は，『第12回　ITビジネスショウ』を視察してまいりましたので，以下にご報告いたします。

記
1.　参加人員　　販売促進課長　　○川　×一
　　　　　　　　販売促進課員　　○本　×男
　　　　　　　　同　　　　　　　○山　×夫
2.　日時　　　平成14年3月17日（午後1時〜3時）
3.　場所　　　幕張メッセ
4.　感想　　　ブロードバンドへの対応を視野において，デスクトップ，ノート型の別なく，CPUの速度，メモリー・HD容量などを大幅に改良していた。

以上

出所：日本経済新聞社編『ビジネス文書術』日本経済新聞社，1997年，71頁を参考に著者加筆。

文例(3)　議事録

　　　　　　　　　　　本社部長会議議事録

　　　　　　　　　　　　　　　　　　　　　記録者　○山　×夫

1.　日時　　平成14年3月22日（金）午前10時〜12時
2.　場所　　本社ビル12階第1会議室
3.　出席者　○○人事部長　△△総務部長
　　　　　　○△営業部長　○×営業課長
　　　　　　△×販促課長
4.　司会　　××総務課長
5.　議題　　△△支店開設計画について
6.　議事内容　新支店人事等
7.　決定事項　日程表作成（3月25日まで）

　　　　　　　　　　　　　　　　　　　　　　　　　　以上

出所：日本経済新聞社編『ビジネス文書術』日本経済新聞社，1997年，81頁を参考に著者加筆。

文例(4)　始末書

始末書

　このたび私　○山　×夫は，平成 14 年 3 月 20 日午前 9 時 40 分頃，課内のコンピュータを使って顧客データを検索中，誤った操作を行ったために，一部データが損傷を受ける結果となりました。
　このことにより，会社に多大な損害を与えることになり，深くお詫び申し上げます。
　今回の事故を深く反省し，今後二度とこのような不始末を引き起こさぬよう十分に注意いたしますので，なにとぞ寛大な処分を賜りますようお願い申し上げます。

平成 14 年 3 月 22 日

　　　　　　　　　　　　　　　　　　販売促進課　○山　×夫

○○商事株式会社
総務部長　○○△△殿

以上

出所：日本経済新聞社編『ビジネス文書術』日本経済新聞社，1997 年，85 頁を参考に著者加筆。

文例(5) 伝言メモ

連　絡　票

○山　×夫 様

3月22日
AM
PM 3：20分

受け手：□川

○△出版
　○木 様から

──────────── ◇ ────────────

☑電話がありました。

□来訪されて伝言がありました。

☑電話をいただきたい。（03-5453-6238）

□また電話します。　5時30分頃

□電話がありましたことをお伝えください。

□その他（伝えたいこと）

筆者作成。

＊伝言メモ票は日頃から卓上に用意しておくと意外に便利なものである。

(2) **社外文書**

　社外文書とは，社外に向けて発信される文書で，次の2種類に分類される。

　①社交・儀礼文書など，他社との取引関係などを円滑にする潤滑油的役割を果たす文書。
　②取引や交渉など業務に直接関係する文書。

　①は，いわゆる「社交文書」といわれるもので，取引先とのよりよいコミュニケーションを確立するためのビジネスマナーの重要な要件のひとつとされている。

　年賀状や時候の挨拶状，記念式典の招待状などが典型的なもので，内容的には私信と似た文書になる場合もあるが，この場合，個人名であっても，発信された以上はその発信者に「社会的責任」が発生することは既に述べたとおりである。非常識な文面や礼儀を欠いた書式などはその企業全体のイメージダウンにつながりかねないから，文書作成者は礼儀正しく作法にのっとって作成すべきである。

　②は，ビジネスに直接関係する，いわゆる「取引文書」とよばれるものである。誓約書をはじめ法規に則って作成される文書であって，その内容が直接，取引にかかわり，会社の業績に直結するものであるから作成者は下記の事柄に注意する必要がある。

　　イ．数字を正確に書くこと（日付・金額など）。
　　ロ．あいまいな表現，業界用語や指示語の多用は避けること。
　　ハ．見積書や請求書などビジネス社会で一般的に通用しているフォーマットをモデルに作成するとよい。また業界独特の慣用語や表現形式もわきまえておくこと，などである。

社外文書の文例
文例(1) 案内状

○△出版株式会社
営業部
○木　△男　様

　　　　　　　　　　　　　　○○商事株式会社
　　　　　　　　　　　　　　　販売促進課　○山　×夫

　拝啓　早春の候，貴社いよいよご清栄のこととお慶び申し上げます。平素は格別のご高配を賜り，厚くお礼申し上げます。
　さて，このたび弊社は，アメリカのソフトウェアメーカーの最大手ＸＸ社との間に，来るべきブロードバンド時代に対応可能な最新型基本ソフトの国内販売総代理店契約を締結いたす運びとなりました。
　つきましては，下記のとおり新製品展示発表会を開催いたします。ぜひともご高覧の上，ご批評，ご意見を伺いたく存じますので，ご多用中誠に恐縮ではございますが，ご来場下さいますようご案内申し上げます。　　　　　　　　　　　　　　　　敬具

　　　　　　　　　　　　　　記
1.　日時　平成 14 年 3 月 22 日（金）午後 2 時〜午後 4 時 30 分
2.　場所　幕張メッセ
　　　　　　　　　　　　　　　　　　　　　　　　　　　以上

　　　　　　　　　　　　　　　　担当　営業部販売促進課
　　　　　　　　　　　　　　　　　　　　○田○子

出所：日本経済新聞社編『ビジネス文書術』日本経済新聞社，1997 年，95 頁を参考に著者加筆。

文例(2)　招待状

拝啓　春寒の候，貴店ますますご発展のこととお喜び申し上げます。
平素は格別のお引き立てをいただき，厚く御礼申し上げます。
　さて，早速ではございますが，弊社はこのたび創業40周年を迎えることとなりました。これもひとえに皆様からの日頃のお力添えの賜物と心から感謝申し上げる次第でございます。
　つきましては，下記のとおりささやかながら記念レセプションを催したく存じます。ご多用中誠に恐縮ではございますが，なにとぞご来臨の栄を賜りますようお願い申し上げます。

敬具

記

1.　日時　4月4日（木）12時～3時
2.　場所　ホテル〇〇　△の間
　　なお，会場準備の都合上，お手数ですが3月31日までに同封のハガキにて，ご来臨の有無をお知らせ下さいますようお願い申し上げます。

以上

同封物　1.　返信用ハガキ　　1枚
　　　　2.　会場案内図　　　1枚
　　　　3.　駐車場利用券　　1枚

出所：日本経済新聞社編『ビジネス文書術』日本経済新聞社，1997年，141頁を参考に著者加筆。

文例(3)　請求書 [1]

平成14年3月22日

○△出版株式会社
営業部
○木　△男　様

　　　　　　　　　　　○○商事株式会社
　　　　　　　　　　　　経理部　○山　×夫

　　　　　　請求書の送付について

拝啓　貴社ますますご盛栄のこととお慶び申し上げます。平素はひとかたならぬ御愛顧を賜り，厚く御礼申し上げます。
　さて，2月分の商品代金，別紙請求書のとおりご請求申し上げます。
　つきましては，ご確認の上，3月31日までに当社口座までお振込み下さいますようお願い申し上げます。
　　　　　　　　　　　　　　　　　　　　　　　敬具

　　　　　　　　　　　記

　　　同封物　3月分請求書　　1通

　　　　　　　　　　　　　　　　　　　　　　　以上

出所：杉田あけみ著『ビジネス文書の書き方・作り方』中央経済社，1991年，145頁を参考に著者加筆。

3．ビジネス文書の常識

　ビジネス文書には正確さと簡潔さが最も重要である。これら2点を確実なものとするために，作成者は次のような諸点に留意する必要がある。

　第1に，作成者は常に読み手（受信者）の立場を明確に意識すること。そのテーマについての読み手の認識度，読み手の地位などは特に重要である。読み手が直属の上司であるか担当役員であるかによって，同じ事柄についても知識や情報量には差がでてくるものである。

　第2に，作成者は自分の意図が読み手に正しく伝わるように表現を工夫すること。たとえば箇条書きなど方法のもつメリットを活かすようにする。

　第3に，読み手が直属の上司，あるいは短時間で大量の書類に目を通さなくてはならない立場の役員などである場合には，業務に直結するビジネス文書（特に報告書）は，まず結論を述べ，次にその理由の説明という順序にする。

　第4に，ビジネス文書は，話の内容に応じて，ひとつひとつのセンテンスを最大でも35文字程度に分割する。

　第5に，文書の内容によって，文書の配列を工夫する。たとえば，緊急を要する社内文書の場合などは，文体を簡潔にすることで受信者へのインパクトが強まる。

　第6に，グラフや図表，記号・マークなどをパソコンやワープロで作成する場合，ビジュアル化するための工夫に専念するあまりに文書の内容をおろそかにしないこと。またビジネス文書にふさわしくない記号や文字は使用しない。

(1) ビジネス文書の7原則

　優れた文書のためには，次の7つのポイントに留意すべきである。
　① 1文書・1テーマの原則。

複数の伝達したいメッセージがある場合など，1文書に2種類の，あるいは3種類のメッセージを入れると受け手へのインパクトが弱くなる。1文書に1用件の原則を守ること。
②文書量は1ページいっぱいにせず，70%位におさめること。図表や写真などの資料はなるべく別紙に添付する。
③なるべく箇条書きにする。特に伝えるべき必要事項の複数の場合など。
④5W2Hの記述の利用。(次の項で詳述する)
⑤受信者の会社・部署・氏名は明確に記載する。特に，氏名などは間違えないよう正確に記すること。この種の誤りこそがビジネスマナーの違反になる。
⑥レイアウトは余白を残すなどより読みやすい形にすること。
⑦常識的で基本的な慣用語・敬語を使用すること。
以上は文書作成上の技術的心得である。

(2) 5W2H法
① When…「いつ」開催日時，納期など。
　　　　　〇月〇日　午後1時から3時まで。
② Where…「どこで」正確な場所明記。所在地，時には略図もつける。東京本社の5階，第2会議室。
③ Who…「誰が」主語をはっきりと示す。人名以外に商品名，品番なども正確に。本社総務部長・課長と総務課員。
④ What…「何を」中心テーマ。
　　　　　大阪支店創立20週年行事について。
⑤ Why…「なぜ」顧客・来賓を招くにあたってのその理由や原因の説明。
⑥ How…「どのように」イベントの最初から最後までのスケジュー

ル・方法の説明，式典と祝賀会の方法の確認。
⑦ How Much…「いくら」経費，予算等に関連する金額の正確な表示。

(3) 尊敬語・謙譲語の常識

動詞の原型	尊敬語	謙譲語
行く	いらっしゃる	参る・上がる・伺う
来る	いらっしゃる / おいでになる	参る・
する	なさる	いたす
言う	おっしゃる	申す
見る	ご覧になる	拝見する
食べる	召し上がる	頂く
いる	いらっしゃる	おる
聞く	お聞きになる	うかがう・拝聴する
与える	下さる	差し上げる

出所：安田賀計著『書き換え自在！ビジネス文書実用事典—よい文書の書き方・作り方』PHP研究所，1999年，20頁に著者加筆。

(4) 頭語・結語の組み合わせ

	頭語	結語	文書の内容
発信	拝啓・拝呈	敬具・敬白	一般的な形
	謹啓・謹呈	敬白・謹白	最も丁寧な文書の場合
	急敬・急白	敬具・草々	丁寧で急用の時・少し丁寧で急用
	前略・冠省	草々・不一	前文をはぶいた場合
返信	拝復・拝答	敬具・敬白	一般的な返信の場合
再信	再啓・再呈	敬具・敬白	文書を再発信する場合
		再拝	追伸の後の結語

出所：安田賀計著『書き換え自在！ビジネス文書実用事典—よい文書の書き方・作り方』PHP研究所，1999年，27頁に著者加筆。

(5) **時候の挨拶の決まり**

月	時候の挨拶
1月	初春の候，新春の候，迎春の候，寒月の候，厳寒の候。 厳しい寒さが続きますが―
2月	立春の候，春寒の候，余寒の候，梅花の候。 寒さいまだ厳しい折から―
3月	早春の候，春暖の候，浅春の候，雪解けの候。 ようやく春めいてまいりましたが―
4月	春暖の候，陽春の候，桜花の候，惜春の候，晩春の候。 春たけなわの頃となり
5月	新緑の候，若葉の候，立夏の候，向暑の候，青葉の候。 若葉が目にしみる季節となりましたが
6月	初夏の候，梅雨の候，向暑の候，入梅の候，小夏の候。 うっとおしい季節となりましたが―
7月	盛夏の候，炎暑の候，酷暑の候，猛暑の候。 暑さ厳しい折から
8月	残暑の候，晩夏の候，秋暑の候，晩暑の候，立秋の候，暮夏の候。 残暑厳しい折から
9月	秋涼の候，新秋の候，新涼の候，白露の候，賞月の候。 朝夕めっきり涼しくなってまいりましたが
10月	秋晴の候，仲秋の候，紅葉の候，秋冷の候，清秋の候。 秋も深まってまいりましたが
11月	晩秋の候，暮秋の候，向寒の候，深冷の候霜冷の候。 朝夕大分お寒くなってまいりましたが
12月	初冬の候，師走の候，歳晩の候，寒冷の候，霜夜の候，歳末の候。 本年もあとわずかになってまいりましたが

出所：安田賀計著『書き換え自在！ビジネス文書実用事典―よい文書の書き方・作り方』PHP研究所，1999年，27-28頁に著者加筆。

(6) 慶賀の挨拶と業務上の挨拶

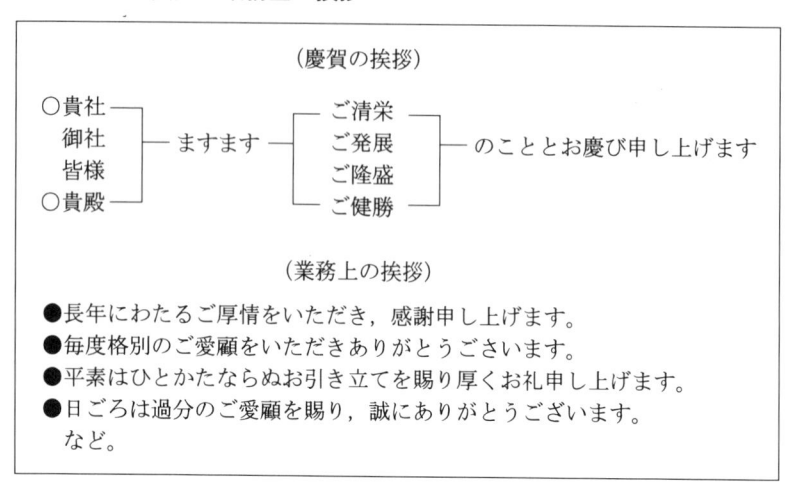

```
                    （慶賀の挨拶）
○貴社 ┐         ┌ ご清栄 ┐
  御社 ├ ますます ┤ ご発展 ├ のこととお慶び申し上げます
  皆様 │         │ ご隆盛 │
○貴殿 ┘         └ ご健勝 ┘

           （業務上の挨拶）
● 長年にわたるご厚情をいただき，感謝申し上げます。
● 毎度格別のご愛顧をいただきありがとうございます。
● 平素はひとかたならぬお引き立てを賜り厚くお礼申し上げます。
● 日ごろは過分のご愛顧を賜り，誠にありがとうございます。
  など。
```

◎頭語と前文の組み合わせ例（前文）

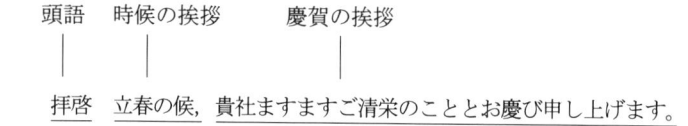

　　　頭語　　時候の挨拶　　　慶賀の挨拶
　　　　│　　　　│　　　　　　　│
　　　拝啓　立春の候，貴社ますますご清栄のこととお慶び申し上げます。

　　　　平素は格別のお引き立てにあずかり，誠にありがとうございます。
　　　　　　　　　　　　　│
　　　　　　　　　　業務上の挨拶

出所：日本経済新聞社編『電子時代のビジネス文書術』日本経済新聞社，1997年，27-28頁に著者加筆。

◎主文と用件の再確認文の例

さて、― このたび当社では…

早速でございますが…

貴社におかれましては…

私どもかねてより準備してまいりました…

突然でございますが…

過日お送り申し上げました書類…

「つきましては下記のとおり，ささやかながら…」

「これもひとえに皆様からの，日ごろのお力添えの…」

「これを機に，全社一丸となって懸命の努力を…」

◎末文の別記・追伸の例

末文
- まずは，
  - とりあえず書中をもって，ご挨拶とさせていただきます。敬具
  - とりあえずご報告かたがたご挨拶申し上げます。敬具
  - 取急ぎお願い申し上げます。敬具
  - ご通知かたがたお願い申し上げます。敬具
- 以上，
  - 略儀ながらお知らせ申し上げます。敬具
  - ご回答申し上げます。敬具
  - よろしくご了承ください。敬具

記

1. 時：平成13年9月24日　午後1時から3時まで ― 別記
2. 場所：大手町ビル5階小ホール

追伸　お手数ですが，出欠のご返事を9月10日までにお願いいたします。　　再拝

出所：日本経済新聞社編『電子時代のビジネス文書術』日本経済新聞社，1997年，30-33頁に著者加筆。

(7) 封筒・はがきの書き方

　① 和封筒の書き方

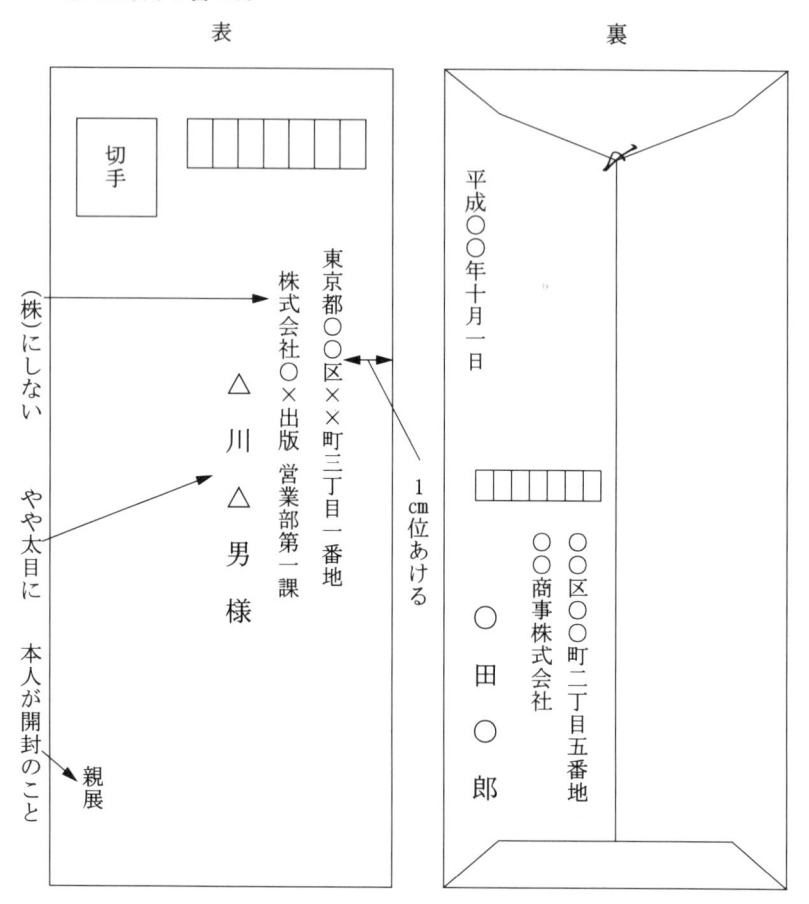

表　　　　　　　　　　　　　　　　　　裏

［切手］

東京都〇〇区××町三丁目一番地
株式会社〇×出版　営業部第一課
　　△川　△男　様

(株)にしない　やや太目に　本人が開封のこと

→親展

1㎝位あける

平成〇〇年十月一日

〇〇区〇〇町二丁目五番地
〇〇商事株式会社
　〇田　〇郎

出所：安田賀計著『書き換え自在！ビジネス文書実用事典』PHP研究所, 1999年, 33頁に著者加筆。

② 洋封筒の書き方

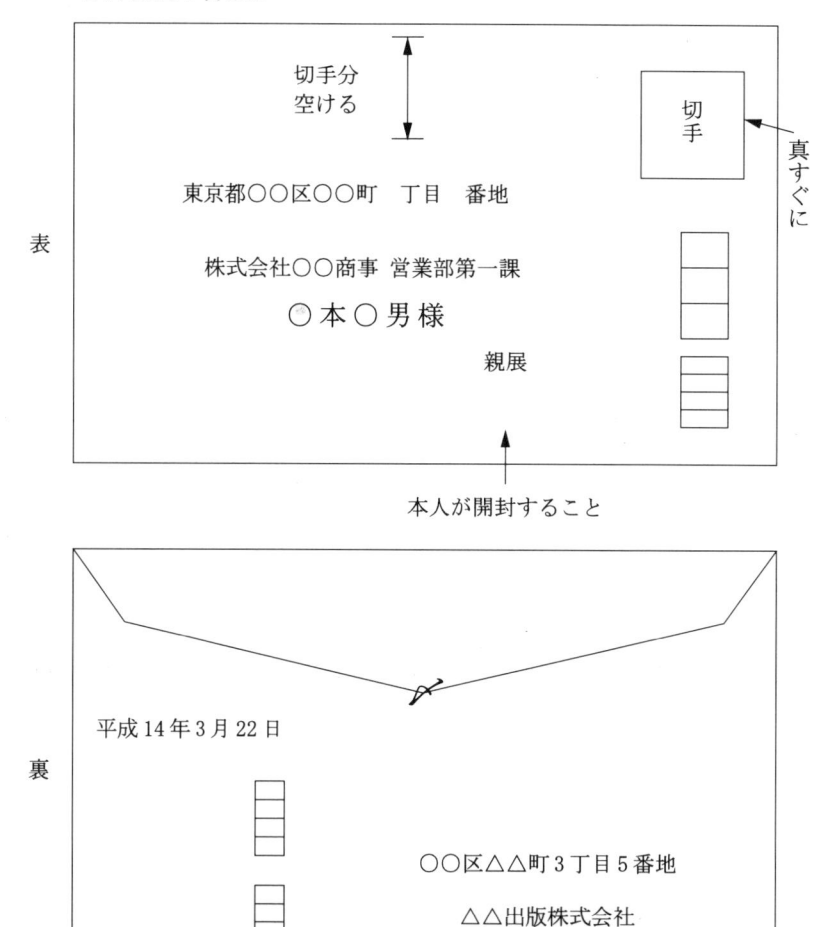

表

切手分空ける

切手

真すぐに

東京都〇〇区〇〇町　丁目　番地

株式会社〇〇商事　営業部第一課

〇本〇男様

親展

↑
本人が開封すること

裏

平成 14 年 3 月 22 日

〇〇区△△町 3 丁目 5 番地

△△出版株式会社

△　田　〇　郎

出所：安田賀計著『書き換え自在！ビジネス文書実用事典』PHP 研究所，1999 年，34 頁に著者加筆。

③はがきの書き方（返信用の場合）

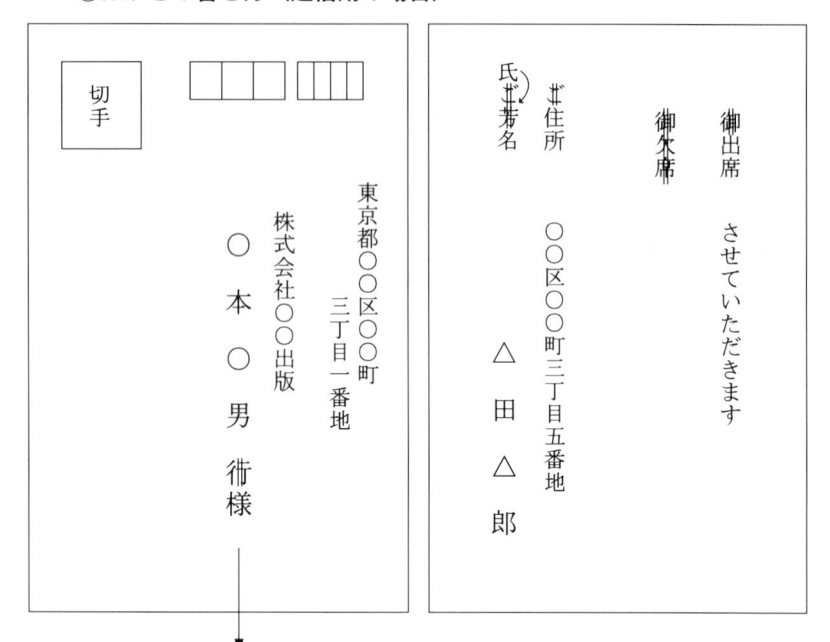

```
┌─────────────────────────┐  ┌─────────────────────────┐
│ ┌──┐  ┌─┬─┬─┐┌─┬─┬─┬─┐  │  │                         │
│ │切│  │ │ │ ││ │ │ │ │  │  │  御      御    ご 氏    │
│ │手│  └─┴─┴─┘└─┴─┴─┴─┘  │  │  出      欠    住 名    │
│ └──┘                    │  │  席      席    所       │
│                         │  │                         │
│       株 東              │  │         ○              │
│       式 京              │  │         ○              │
│   ○   会 都              │  │    △    区             │
│   本   社 ○              │  │    田    ○             │
│   ○   ○ ○              │  │    △    ○             │
│   男   出 区              │  │    郎    町            │
│       版 ○              │  │         三             │
│   術    ○              │  │         丁             │
│   様    町              │  │         目             │
│        三               │  │    さ    五            │
│        丁               │  │    せ    番            │
│        目               │  │    て    地            │
│        一               │  │    い                   │
│        番               │  │    た                   │
│        地               │  │    だ                   │
│                         │  │    き                   │
│                         │  │    ま                   │
│                         │  │    す                   │
└──────────┬──────────────┘  └─────────────────────────┘
           │
           ↓
```

行の表示は個人あての場合は様に，法人あての場合は御中にする。

○返信用はがきは上記のように訂正を忘れずに！

第9章　ビジネス文書のためのスキル　185

4. ビジネス文書の基本フォーマット[2]

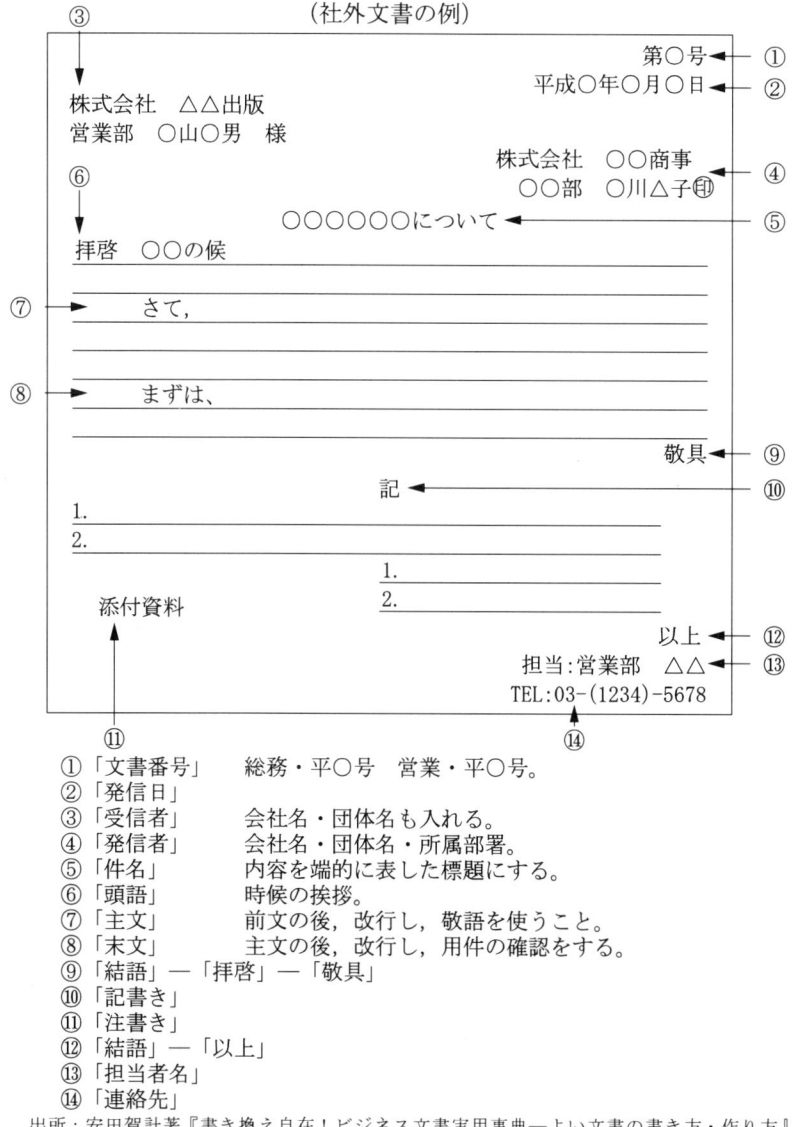

（社外文書の例）

```
                                              第○号        ← ①
                                              平成○年○月○日  ← ②
③ →
株式会社　△△出版
営業部　○山○男　様
                              株式会社　○○商事
                              ○○部　○川△子㊞    ← ④
⑥ →
                    ○○○○○○について    ← ⑤
拝啓　○○の候
_____
⑦ →　さて、
_____
_____
_____
⑧ →　まずは、
_____
                                              敬具    ← ⑨
                    記    ← ⑩
1. _____
2. _____
                    1. _____
                    2. _____
添付資料
                                              以上    ← ⑫
                              担当:営業部　△△    ← ⑬
                              TEL:03-(1234)-5678
  ↑                           ↑
  ⑪                           ⑭
```

① 「文書番号」　　総務・平○号　営業・平○号。
② 「発信日」
③ 「受信者」　　　会社名・団体名も入れる。
④ 「発信者」　　　会社名・団体名・所属部署。
⑤ 「件名」　　　　内容を端的に表した標題にする。
⑥ 「頭語」　　　　時候の挨拶。
⑦ 「主文」　　　　前文の後，改行し，敬語を使うこと。
⑧ 「末文」　　　　主文の後，改行し，用件の確認をする。
⑨ 「結語」―「拝啓」―「敬具」
⑩ 「記書き」
⑪ 「注書き」
⑫ 「結語」―「以上」
⑬ 「担当者名」
⑭ 「連絡先」

出所：安田賀計著『書き換え自在！ビジネス文書実用事典―よい文書の書き方・作り方』PHP研究所，1999年，24-25頁に著者加筆。

5．電子メールのマナー

　今日のビジネス社会において，パソコンは情報交換のためのツールのひとつとして不可欠な存在になりつつあるといえる。最近のビジネスマンは，出勤時にはまずパソコンを起動させることから仕事をはじめるのが一般的になってきている。

　インターネットを利用した電子メールの自分用のフォルダーを開けば，社内の各種通達から始まって，取引先との商用の外部からのメールも含めて，多いときには数10件ものメールが届いていることも珍しくはないという。書類という資源や時間の節約という視点から見て，今日ほど情報機器の経済的効果が大きい時代はかつてなかったのではないかと思われる。

　しかしながら，このように便利極まりない電子メールにおいても，守らなければならないマナー，ルールというものが存在するのであって，その経済性や利便性を重視するあまりに，マナーに反する使い方をすれば，かえって人間関係を損ねたり，思わぬ損失を被ることにもなりかねない。電子メールの活用に際しても以下のようなマナー，ルールを常に心がけておきたいものである。

　第1に，時候のあいさつや前書はあまり多用する必要はない。要件を直接，簡潔にまとめて送るほうが，相手にとっては便利である。

　第2に，メールのタイトルは実用的な表現で，メールの受け取り手にとって理解しやすく，分類，整理が容易にできるように配慮する。

　第3に，メールの受け取り手に対して様，殿などの敬称をつけることを忘れないようにする。

　第4に，返信メールを出す場合は，なるべくなら先方から送られてきた文章は削除し，それを確認してから返信する。

　第5に，セキュリティに対する意識を常に持つ。

　第6に，契約書や決算書などの重要書類は，絶対に電子メールで送って

はならない。これらの書類は，自筆記名と捺印を得て，はじめて社会的に通用するものと考えるべきである。海外との電子メールのやり取りに際しても同様であって，重要度の高い書類については，自筆サインをつけて郵送等によって送る方が信用の度合いは高いといえる。

第7に，電子メールに乗せる文書作成については次のような基本的なルールがあることに留意する。

①半角カタカナ文字の使用は避ける。これは機種によって半角カタカナを判読できなかったり，いわゆる文字化けになってしまうものがあるからである。

②○や（　）つきの数字，㈱，㈲，℡などの短縮文字記号も同様の理由から使用を避けること。

③本文の中の文章は，30～40字ごとに改行しておくと読みやすい。

第8に，電子メールのアドレスをもっていない相手先に，パソコンのシステムを使ってファックスを送る場合には，通常のファックスによる文書の送信と同様にファックス・カバーを付けるようにする。

ファックス・カバーの書式[3]

平成14年3月22日

○○商事株式会社
　経理部　○山　×夫　様

　　　　　　　　　　　　○△出版株式会社
　　　　　　　　　　　　　営業部
　　　　　　　　　　　　　　○木　△男

　　　　　　　　書類送付ご案内

拝啓　貴社ますますご盛栄のこととお慶び申し上げます。
平素は格別のご高配を賜り，厚くお礼申し上げます。
　さて，下記の書類を送付いたしますので，よろしくご査収のほどお願い申し上げます。
　　　　　　　　　　　　　　　　　　　　　　　敬具

　　送付書類名
　　1.
　　2.
　　3.

　　　　　　　　　　　　　　　　計　　枚（本紙を含む）

出所：山田敏世監修『一歩先ゆくビジネスマナー』永岡書店，2001年，53頁。

【注・参考文献】
1）　杉田あけみ著『ビジネス文書の書き方・作り方』中央経済社，1991年。
2）　ビジネス文書の1～4については，以下の文献に著者一部加筆の上構成している。
　　　日本経済新聞社編『電子時代のビジネス文書術』日本経済新聞社，1997年。
　　　安田賀計著『書き換え自在！　ビジネス文書実用事典』PHP研究所，1999年。
3）　山田敏世監修『一歩先ゆくビジネスマナー』株式会社永岡書店，2001年。

Eye（愛）・Contact

★履歴書は自筆とワープロ両方の時代

　就職活動の必要書類として最も重要な履歴書は，自筆で，写真と日付，捺印，性別や生年月日なども忘れずに記入しておく必要があります。ところがIT技術の進展とともに，ペーパーレス化という波が，企業に押し寄せている今日では，コンピュータのワープロソフトを使って作成した履歴書を，Eメールの添付書類にして送るようにと，指示してくる企業も，そろそろ，でてきています。要するに，これからの就職活動には，自筆とワープロ双方の書式での履歴書を用意しておく必要があるということです。また，あらかじめ，ワープロで履歴書を作成しておけば，手書きの履歴書を作成するときの正確なお手本としても有効ですし，多数の企業にアプローチする過程で，それぞれの企業の特性によって履歴書の表現に対して微妙に表現を変えるなどの必要性がある場合にも，ワープロは威力を発揮するでしょう。

参考文献

(50 音順)

第 I 部　基礎編

青木三十一著『経営のしくみ』日本実業出版社，1991 年。
遠田雄志著『グッバイ！　ミスター・マネジメント―ゴミ箱理論・ワイク理論のすすめ』文眞堂，1998 年。
太田肇著『「個力」を活かせる組織』日本経済新聞社，2000 年。
金井壽宏著『経営組織』日本経済新聞社，1999 年。
片岡信之編著『要説　経営学』文眞堂，1994 年。
片岡信之・齊藤毅憲・高橋由明・渡辺峻著『はじめて学ぶ人のための経営学』文眞堂，2001 年。
学習院大学経済学部編『経済・経営を楽しむ 35 のストーリー』東洋経済新報社，2000 年。
坂井正廣編著『人間・組織・管理』文眞堂，1992 年。
齊藤毅憲編著『組織と人的資源の経営学』税務経理協会，1997 年。
高村寿一著『経営入門』日本経済新聞社，2001 年。
高原眞著『事務管理』一橋出版，1984 年。
ドラッカー，P.F. 著（上田惇生訳）『21 世紀のマネジメント革命　明日を支配するもの』ダイヤモンド社，1999 年。
野中郁次郎・竹内弘高著（梅本勝博訳）『知識創造企業』東洋経済新報社，1996 年。
日本経営学会編『経営学の新世紀　経営学論集 71　経営学 100 年の回顧と展望』千倉書房，2001 年。
藤芳誠一編著『図説経済学体系 10　経営学』学文社，1979 年。
藤芳誠一著『経営基本管理』泉文堂，1993 年。
藤芳誠一編著『新時代の経営学』学文社，1993 年。
藤芳誠一監修『新経営基本管理』泉文堂，2000 年。
Maslow, A.H. 著（上田吉一訳）『人間性の最高価値』誠信書房，1991 年。
三戸公著『会社ってなんだ　日本人が一生すごす「家」』文眞堂，1996 年。
森田保男著『経営学』同文舘，1996 年。
山城章・森本三男編著『入門　経営学』実教出版，1997 年。
労働省職業安定局『労働省編　職業分類』㈶雇用情報センター，2000 年。
和辻哲郎著『人間学的考察　風土』岩波書店，1972 年。

第Ⅱ部　実務編

印南一路著『ビジネス交渉と意思決定』日本経済新聞社，2001 年。
ロジャー・フィッシャー，ウィリアム・ユーリー，ブルース・パットン著（金山恒夫・浅井和子訳）『ハーバード流交渉術』TBS ブリタニカ，2000 年。
海保博之編著『プレゼンテーション』共立出版，1998 年。
外務省外務報道官編集『国際儀礼に関する 12 章』財団法人　世界の動き社，1999 年。
狩俣正雄著『組織のコミュニケーション論』中央経済社，1992 年。
佐久間賢著『交渉戦略の実際』日本経済新聞社，1996 年。
佐久間賢著『交渉力入門』日本経済新聞社，1997 年。
社員教育総合研究所編『ビジネス敬語』すばる舎，2000 年。
杉田あけみ著『ビジネス文書の書き方・作り方』中央経済社，1991 年。
関根健夫『ビジネスマナー』大和出版，2001 年。
武田秀子・能登洋子・松本弘子・三村善美著『新秘書・ビジネスワーク論』早稲田教育出版，1998 年。
中嶋秀隆・マット・シルバーマン著『デジタル対応プレゼンテーション』日本能率協会マネジメントセンター，2000 年。
日本経済新聞社編『ビジネスマナー』日本経済新聞社，1997 年。
日本経済新聞社編『ビジネス文書術』日本経済新聞社，1997 年。
日本経済新聞社編『仕事の進め方』日本経済新聞社，1997 年。
21 世紀研究会編『常識の世界地図』文芸春秋，2001 年。
富士ゼロックスドキュメント推進室編『プレゼンテーションの説得技法』日本経済新聞社，1994 年。
松本道弘著『ディベート入門』中経出版，1998 年。
御手洗昭治著『異国文化にみる非言語コミュニケーション』ゆまに出版，2000 年。
山田敏世著『ビジネスマナー』永岡書店，2001 年。
安田賀計著『ビジネス文書事典』PHP 研究所，1999 年。
八幡紕芦史著『パーフェクトプレゼンテーション』生産性出版，1996 年。
安田正十・山添均著『ビジネスコミュニケーションの技術』ジャパンタイムズ，1999 年。
レビスキー，R.J, D.M. サンダーズ，J.W. ミルトン著（藤田忠監訳）『交渉学教科書　今を生きる術』文眞堂，1998 年。

索　引

欧文

BATNA（best alternative to negotiated agreement） ……………… 136
CCC（自然・文化創造会議／工場） ……………… 139
DTP ソフト ……………… 113
Why-Because のゲーム ……………… 116
Win Win 交渉 ……………… 128, 129
X 理論 ……………… 20, 70
Y 理論 ……………… 22, 71

あ行

アメリカの経営学 ……………… 4
医学 ……………… 37
意思決定（Decision Making） ……………… 12
意思決定人的側面 ……………… 69
1 文書 1 件主義 ……………… 166
一流の労働者（First = Rata Man） ……………… 6
異文化コミュニケーション（Intercultural Communication） ……………… 93
ウォルトン ……………… 99
会釈 ……………… 147
エックマン ……………… 88
エンジニアリング（Engineering） ……………… 104
小笠原流 ……………… 160
オズボーン ……………… 134

か行

会計学 ……………… 33
階層原則（Scalar Principle） ……………… 71
外部的価値循環（Ausserner Wertumlauf） ……………… 23
顔の表情解読システム（Facial Affect Coding System） ……………… 88
課業（Task） ……………… 5
家業・生業 ……………… 60
課業管理（Task Management） ……………… 5

索　引

課業管理の4原則 …………………………………………………5
ガス抜き理論（Discharged Effect） ………………………135
価値前提（Value Permises） ………………………………13
株式会社 ……………………………………………………59, 60
カルチャー・バウンド（Culture-Bound） ………………94
カルチャー・フリー（Culture-Free） ……………………94
感覚尺度 ……………………………………………………106
観相学 ………………………………………………………88
ガント …………………………………………………………6
ガント・チャート（Gantt Chart） …………………………6
管理者機能（Administrative Function） …………………19
関連科学 ……………………………………………………35
機械人的側面 ………………………………………………69
企業家（Enterprise） ………………………………………58
企業形態 ……………………………………………………57
企業者機能（Entrepreneurial Function） …………………19
『企業の人間的側面』（*The Human Side of Management*） ………22
『技術論としての私経済学』
　（*Grundlegung und Systematik einer wissenschaftlichen Privatewirschaftslehre*, 1912） …24
行政学 ………………………………………………………35
業務分掌規定 ………………………………………………75
ギルブレス ………………………………………………6, 89
グーテンベルク ……………………………………………25
クール・メディア …………………………………………91
グラフィックソフト ………………………………………113
経営経済学（Betriebswirtschtlehre） ……………………23
『経営経済学原理』（*Grundlagen der Betriebswirtschaftsleher*） ……25
経営工学 ……………………………………………………34
経営資源 ……………………………………………………40
経営者（Manager） …………………………………………58
経営社会学 …………………………………………………33
経営心理学 …………………………………………………33
経営数学 ……………………………………………………34
経営統計学 …………………………………………………34
『経営と労働者』（*Management and the Worker*） …………7
経営法学 …………………………………………………34, 37
計画部（Planning Department） ……………………………5
経済学 ………………………………………………………33

194　索　引

経済審議会『新10ヵ年計画』 ……………………………………………………… 81
経済人モデル ……………………………………………………………………… 68
『経済的経営学』(*Wirtschaftliche Betriebslehre*) ……………………………… 23
経済的形態 ………………………………………………………………………… 59
ゲーム (Game) …………………………………………………………………… 115
権威 (Authority) …………………………………………………………………… 13
原価計算と価格政策の原理 ……………………………………………………… 24
権限・責任一致の原則 …………………………………………………………… 41
権限委譲の原則 …………………………………………………………………… 41
謙譲語 ……………………………………………………………………………… 144
『現代の経営』(*The Practice of Management*) ………………………………… 19
工学 ………………………………………………………………………………… 36
公企業 (Public Enterprise) …………………………………………………… 57, 59
合資会社 …………………………………………………………………………… 60
公式組織 (Formal Organization) ……………………………………………… 10
公私混合企業 (Mixed Undertaking) ………………………………………… 57, 59
交渉 (Negotiation) ……………………………………………………………… 121
合名会社 ………………………………………………………………………… 59, 60
コーディネーション (Coordination) ………………………………………… 104
顧客の創造 (Creation of a Customer) ………………………………………… 19
個人企業 …………………………………………………………………………… 57
5W2H法 ………………………………………………………………………… 177
小堀遠州流 ……………………………………………………………………… 160
コミュニケーション (Communication) ………………………………… 87, 90, 104
混合的集団企業 …………………………………………………………………… 59
コンテクスト (Context) ………………………………………………………… 101
コンフリクト・マネジメント (Conflict Management) ……………………… 104

さ行

最敬礼 ……………………………………………………………………………… 147
サイモン …………………………………………………………………………… 12
サブリック記号 …………………………………………………………………… 89
差別出来高給制 (Differential Piece = Rate System) …………………………… 5
産業並びに一般の管理 …………………………………………………………… 16
産業の分類 ………………………………………………………………………… 55
シェイン …………………………………………………………………………… 68
ジェスチャー (Gestures) ………………………………………………………… 88
時間研究 (Time Study) ……………………………………………………… 5, 89

私企業 (Private Enterprise) ……………………………………………57, 58
事業部制組織 (Divisionalized Organization) ……………………………46
自己実現モデル ……………………………………………………………68
仕事 …………………………………………………………………………61
事前前提 (Factual Premises) ……………………………………………13
資本的集団企業 ……………………………………………………………59
社会人 (Social Man) モデル ………………………………………8, 35, 68
社外文書 ……………………………………………………………………172
社交文書 ……………………………………………………………………172
集団企業 ……………………………………………………………………57
自由にして機能する産業社会 (Free and Functional Industrial Society) ……19
シュマーレンバッハ ………………………………………………………24
小集団企業 …………………………………………………………………57
情緒的側面 …………………………………………………………………69
商人学 ………………………………………………………………………27
職業 ……………………………………………………………………60, 61
職能別職長制 (Functional Foremanship) ………………………………5
職能別組織 (Functional Division Organization) ………………………44
職務 …………………………………………………………………………61
人的集団企業 ………………………………………………………………59
心理学 ………………………………………………………………………35
数学 …………………………………………………………………………36
責任ある選択 (Responsible Choice) ……………………………………18
ゼロ・サム交渉 ……………………………………………………………127
戦略的意思決定 ……………………………………………………………14
戦略的事業単位 (Strategic Business Unit) ……………………………50
組織影響力 (Organizational Influence) …………………………………13
組織図 ………………………………………………………………………75
組織忠誠心と一体化 (Organizational Loyalty and Identification) ……12
組織的怠業 …………………………………………………………………4
組織の成立条件 ……………………………………………………………10
組織の能率 (Efficiency) …………………………………………………10
組織の有効性 (Effectiveness) ……………………………………………10
尊敬語 ………………………………………………………………………143

た行

多数集団企業 …………………………………………………………57, 59
地位 …………………………………………………………………………61

チャンドラー……14
丁寧語……144
ディベート（Dibate）……115
テイラー……5, 32, 41
デシジョン・ツリー（Decision Tree）……135
伝達（Communication）……13
ドイツの経営学……23
動機づけとパーソナリティ……21
統計学……36
統合型交渉……129
統合原則（Principle of Integration）……71
動作研究（Motion Study）……5, 89
統制の幅……41
動的貸借対照表論……24
トスポル……104
ドラッカー……18, 32
ドラッカー『明日を支配するもの』……81
取引文書……172

な行

内部的価値循環（Inner Wertumlauf）……23
成り行き管理（Drifting Management）……4
ニーレンバーグ……133
ニックリッシュ……23
日本古来の伝統礼法……160
日本的経営……92
日本の経営学……26
人間観モデル……63
人間欲求5段階説……69
ネゴシエーション（Negotiation）……104
根回し……92
能率の基準（Criterion Of Efficiency）……13

は行

ハーズバーグ……2
バーナード……9, 18, 32, 41
ハイ・コンテクスト社会……102
非言語コミュニケーション（Nonverbal Communication）……88

非公式組織（Informal Organization） ……………………………………… 9
ビジネス（Business） …………………………………………………………… 2
ビジネスコミュニケーション ………………………………………………… 87
必要最低利潤（Required Minimum Profits） ……………………………… 19
表計算ソフト …………………………………………………………………… 113
ファヨール ………………………………………………………………………… 14
ファンクショナル組織（Functional Organization） ……………………… 44
フォレット …………………………………………………………………… 18, 32
プラス・サム交渉 …………………………………………………………… 129
ブレーンストーミング ……………………………………………………… 134
プレゼンテーション（Presentation） ……………………… 104, 108, 109
プレゼンテーション能力 …………………………………………………… 109
プロトコール：国際儀礼（Protocol） …………………………………… 149
文化（Culture） ……………………………………………………………… 94
文化人類学 ……………………………………………………………………… 36
分業ないし専門化の原則 …………………………………………………… 41
分配型交渉 ……………………………………………………………………… 127
ペティ＝クラークの法則（Petty = Clark's Law） ……………………… 56
法学 ……………………………………………………………………………… 36
ホーソーン実験（Hawthorne Experiments） ……………………………… 7
ホール …………………………………………………………………………… 106
ホット・メディア ……………………………………………………………… 91

ま行

マーチ＝サイモンの人間観モデル ………………………………………… 69
マクルハーン …………………………………………………………………… 91
マグレガー ………………………………………………………………… 22, 70
マグレガーの人間観 ………………………………………………………… 70
マズロー …………………………………………………………………… 21, 69
マトリックス組織（Matrix Organization） ……………………………… 48
メイヨー …………………………………………………………………… 6, 18

や行

有限会社 ……………………………………………………………………… 59, 60

ら行

ライン・アンド・スタッフ組織（Line and Staff Organization） ……… 44
ライン組織（Line Organization） …………………………………………… 42

ラックスとセベニウス………………………………………………………132
ラファーター…………………………………………………………………88
ランチェスター……………………………………………………………117
ランチェスターの法則……………………………………………………117
利益交換型交渉……………………………………………………………129
リッカート……………………………………………………………………21
稟議……………………………………………………………………………92
稟議書…………………………………………………………………………92
隣接科学………………………………………………………………………32
礼……………………………………………………………………………147
レスリスバーガー………………………………………………………………7
連結ピン理論（The Link-Pin Theory）……………………………………21
労働科学………………………………………………………………………34
ロー・コンテクスト社会…………………………………………………102

わ行

分け前獲得交渉……………………………………………………………127
和辻哲郎『風土』……………………………………………………………99
ワラント（Warrant）………………………………………………………116
法律的形態……………………………………………………………………59

著者紹介

齋藤 愛子（さいとう あいこ）

1932年大阪府に生まれる
青山学院大学経営学部卒
青山学院大学大学院経営学研究科修士課程修了（経営学修士）
嘉悦女子短期大学経済学科助教授
湘南短期大学商経学科教授および学科長
早稲田大学社会科学研究所特別研究員などを経て
現在 立正大学経営学部非常勤講師
日本交渉学会理事
主な著書（共著）
『労務管理』学校法人 産能大学，1988年
『経営教育ハンドブック』同文舘株式会社，1989年

テキスト：ビジネスコミュニケーション・スキルズ

2002年6月29日 第1版第1刷発行	検印省略
2003年9月20日 第1版第2刷発行	

著　者　　齋　藤　愛　子

発　行　者　　前　野　眞太郎

発　行　所　　東京都新宿区早稲田鶴巻町533
　　　　　　　㈱ 文　眞　堂
　　　　　　　電　話　03(3202)8480
　　　　　　　Ｆ　Ａ　Ｘ　03(3203)2638
　　　　　　　http://www.bunshin-do.co.jp
　　　　　　　郵便番号(162-0041)　振替 00120-2-96437

組版・㈱キタジマ　　印刷・㈱キタジマ　　製本・廣瀬製本所

Ⓒ 2002
定価はカバー裏に表示してあります
ISBN4-8309-4424-2　C3034